Verflixt, wer war`s ?

Gedächtnistraining für Kids

Von Ursula Oppolzer

humboldt

Der RatgeberVerlag

Humboldt-Paperback (ht) 4039

Die Autorin:

Ursula Oppolzer studierte Biologie und Geographie für das Lehramt sowie Mathematik und Psychologie. Mehr als 20 Jahre war sie als Dozentin in der Erwachsenenbildung tätig. Seit 1999 arbeitet die erfolgreiche Sachbuchautorin (Schwerpunkt: Gedächtnis, Konzentration, Lernen) wieder als Realschullehrerin.

Bei Humboldt erschienen bislang die folgenden Titel von Ursula Oppolzer:

Verflixt, das darf ich nicht vergessen! ISBN 3-89994-884-X
(StiftungWarentest: Sehr gut!)
Verflixt, das darf ich nicht vergessen! Band 2 Buch + CD, ISBN 3-89994-889-0
Das große Brainfitness-Buch

In Vorbereitung bei Humboldt für 2005: Super lernen: *Tipps und Tricks von A-Z*

Weitere Bücher von Ursula Oppolzer:
Wortschatztraining. Horneburg (Persen)
Bewegte Schüler lernen leichter. Dortmund (verlag modernes lernen)
Meyers Gripskalender 2005. Mannheim (Brockhaus, Duden & Meyer)

Autorin und Verlag bedanken sich bei Stiftung Warentest für die sehr gute Bewertung von „Verflixt..."!

Originalausgabe 2005

Hinweise für den Leser:
Die Angaben und Übungsanleitungen sind von Autorin und Verlag sorgfältig recherchiert bzw. überprüft worden. Dennoch kann eine Gewähr nicht übernommen werden. Vielmehr handelt es sich bei den Ratschlägen und Empfehlungen dieses Buches um unverbindliche Auskünfte gemäß § 676 BGB.
Autor, Redaktion und Verlag übernehmen keinerlei Haftung für etwaige Personen- oder Sachschäden, die sich aus Gebrauch oder Missbrauch der in diesem Buch aufgeführten Anwendungsmöglichkeiten ergeben.

Illustrationen im Innenteil: Vera Oppolzer
Druck, Satz und Bindung: Artpress Druckerei GmbH, A-6600 Höfen
www.artpress.at

Printed in Austria

ISBN 3-89994-039-3

www.humboldt.de

Verflixt, wer war's?

Gedächtnistraining für Kids

www.humboldt.de

Weitere aktuelle Ratgeber-Taschenbücher im Humboldt Verlag (Auswahl):

Freizeit und Hobby

3-89994-010-5	Digitalfotografie - Das große Einsteigerbuch
3-89994-017-2	Der große Humboldt Fotolehrgang
3-89994-832-7	Patiencen legen
3-89994-030-x	Das große Humboldt Domino-Buch
3-89994-035-0	Das große Humboldt Bridge-Buch
3-89994-823-8	1 x 1 der Kartenspiele
3-89994-829-7	Skat - Regeln und Tipps
3-7081-9847-6	Was will meine Katze mir sagen?
3-89994-948-X	Die schönsten Katzennamen

Eltern und Kind

3-89994-940-4	Das Trotzkopfalter
3-89994-880-7	Entspannung für Kinder: Zaubergarten und Lieblingswiese (Buch + CD)
3-89994-021-0	Entspannung für Kinder: Mein Freund der Baum (Buch + CD)
3-89994-973-0	Die schönsten Kindergedichte

Gesundheit und Medizin

3-89994-839-0	Überlebenshandbuch für Allergiker
3-89994-003-2	10 Jahre jünger, 10 Jahre schöner
3-89994-865-3	Akupressur – schmerzfrei ohne Tabletten
3-7081-9859-X	Aktiv gegen Cellulite
3-89994-004-0	Mit Messer und Gabel gegen Krebs (in Zusammenarbeit mit der Deutschen Krebshilfe)
3-7081-9897-2	Keine Macht dem Stress!
3-89994-949-8	Aktiv gegen Übersäuerung
3-7081-0101-4	NUAD- die traditionelle Thai-Massage
3-7081-9875-1	Schwangerschaft bewusst erleben (Stiftung Warentest: Sehr gut!)
3-89994-011-3	Der Tinnitus Helfer Buch + CD-ROM
3-89994-944-7	Homäopathieratgeber Schwangerschaft und Stillzeit
3-7081-9906-5	Grüner Tee

Information und Wissen

3-89994-018-0	Ach ja?! Faszinierende Fakten
3-89994-979-x	Teste deine Allgemeinbildung: Neue Rechtschreibung
3-89994-882-3	Das große Testbuch der Allgemeinbildung
3-89994-033-4	Das große Testbuch der Algemeinbildung II
3-89994-007-5	Linkshändig? Rat & Information, Tipps & Adressen
3-89994-009-1	Lexikon der Lebensmittel-Etiketten
3-7081-9960-X	Lebensweisheiten berühmter Philosophen
3-89994-826-2	Teste Deine Intelligenz
3-89994-904-8	Das große Buch der Musterbriefe
3-7081-9958-8	Die schönsten Reden für Familienfeiern
3-7081-9957-X	Die schönsten Reden für Hochzeit und Hochzeitstage

Lebenshilfe und Psychologie

3-89994-020-2	Das große Brain-Fitness-Buch
3-89994-884-X	Gedächtnistraining: Verflixt, das darf ich nicht vergessen (Stiftung Warentest: Bestes Buch!)
3-89994-884-X	Gedächtnistraining: Verflixt, das darf ich nicht vergessen Band2, Buch + CD
3-89994-858-0	Gutes Gedächtnis - Das Erfolgsgeheimnis

Beruf

3-89994-983-8	100 clevere Tipps: Lebenslauf und Anschreiben
3-89994-006-7	Der Erfolgsturm: Der richtige Weg um mehr zu erreichen
3-89994-825-4	Buchführung Schritt für Schritt

Mehr Informationen: www.humboldt.de

Einführung:

Hallo, ich bin Grille Grips!

Ich liebe Detektivgeschichten und möchte später einmal so ein berühmter Detektiv werden wie Sherlock Holmes. Nur wer täglich seinen Gripscomputer trainiert wie ein Leistungssportler seinen Körper, wird erfolgreich sein.
Damit ihr auch geniale Detektive werdet, haben Wanda und ich unser Trainingsprogramm für euch aufgeschrieben. Schon nach kurzer Zeit werdet ihr merken, dass ihr auch knifflige Fälle wie der Blitz lösen könnt. Ein Blick genügt und mit hoher Konzentration, einem Supergedächtnis und unheimlicher Fantasie meistert ihr jeden Fall.

Hallo, ich bin Wanda Watch,

Grilles Freundin, sehr neugierig und sehr hartnäckig. Mich interessiert alles und wenn etwas geheimnisvoll ist, dann versuche ich solange hinter dieses Geheimnis zu kommen, bis ich es geschafft habe.
Grille und ich denken uns oft Detekivgeschichten aus und lösen unzählige spannende Fälle. Damit es viel zu lachen gibt, habe ich für euch eine Menge Scherzfragen aufgestöbert.

Grille und Wanda wünschen viel Spaß!

Warum Gedächtnistraining?

Grille und Wanda haben sich dieses spezielle Gedächtnistraining und Detektivtraining für euch ausgedacht, da sie wollen, dass ihr auch so erfolgreiche Detektive werdet wie sie und dass es in der Schule in Zukunft Null-Probleme gibt. Ihr möchtet doch sicher Spitzendetektive werden, schnell und super lernen und die Hausaufgaben in kurzer Zeit schaffen, oder?

Das tägliche Training beginnt immer mit einer **Scherzfrage,** da Lachen dich in gute Laune versetzt und dein Gripscomputer dann viel lieber und besser arbeitet. Außerdem verhält sich der Kopf ähnlich wie ein Muskel, er muss erst warm laufen, bevor er Höchstleistungen bringen kann.

Wer ein **super Gedächtnis** besitzen will, sollte besonders seine Wahrnehmung und **Konzentration** verbessern, sowie **Fantasie, Kreativität** und **Wortschatz** aktivieren. Deshalb findet ihr im Buch nicht nur Gedächtnisaufgaben. So wie ein Fußballer ja nicht nur Fußball spielt, sondern seinen Körper zunächst einmal auf sehr unterschiedliche Weise in Schwung bringt, solltet auch ihr ein Allroundtraining vorziehen. Die Wissensfragen erfreuen die findigen Detektive unter euch sicher deshalb, weil die Lösungen der teilweise schweren Fragen durch **Geheimschriften** zu entziffern sind.

Die kniffligen **Detektivaufgaben** sind eine echte Herausforderung. Sie optimieren euer logisches Denken und die Fähigkeit, Probleme zu lösen. Ihr wisst ja: Wer viel denkt, denkt leichter.

Wenn ihr regelmäßig - vielleicht 10 Minuten am Tag – trainiert, so wie Grille und Wanda es euch vorschlagen, werdet ihr bald merken, dass Schule auch Spaß machen kann. Lernen fällt euch leichter und macht euch sicherer. Erfolgserlebnisse stellen sich ein und Lob und Anerkennung kommen von allen Seiten.

Ein gezieltes Detektivtraining lässt euch immer schneller Zusammenhänge erkennen und bringt euren Gripscomputer richtig auf Touren. Folge: **Mega Scharfblick, ein super Gedächtnis** und mehr Zeit für Hobbys und Freizeit.

PS

Ihr werdet immer wieder aufgefordert, Wörter mit der linken Hand zu schreiben (als Rechtshänder), damit eure rechte Hirnhälfte (die oft zu wenig gefordert wird) in Schwung kommt. Bewegung zwischendurch versorgt euren Gripscomputer mit viel Sauerstoff und baut Stress ab.

Sucht euch ein Plätzchen, an dem ihr euch so richtig wohlfühlt und dann kann's losgehen!

IMMER WIEDERKEHRENDE LOGOS:

Scherzfragen

Detektiv

Wahrnehmung und Konzentration

Fantasie und Kreativität

Gedächtnisaufgaben

Buchstaben- und Wortspiele

Wissensfragen

Tipps und Tricks

Scherzfrage: „Es hat zwei Eingänge, und wenn man mit den Füßen schon draußen ist, ist man erst richtig drinnen?"

Clown –Zwillinge

Wie schnell findest du die 10 Fehler, die sich hier eingeschlichen haben?

Ein Clown in der Badewanne

Nur ein Detektiv, der sich gut in andere Menschen hineinversetzen kann und sich Orte und Situationen optimal vorstellt, findet leicht die Lösung eines Falles.
Versuche heute einmal in deiner Fantasie aus zwei Begriffen ein Bild zu malen und zwar so deutlich, dass du es auch morgen noch sehen kannst. Beispiel: Clown und Badewanne
Stell' dir vor, wie ein Clown in der Badewanne sitzt und mit dem Schaum Faxen macht. Siehst du es ganz deutlich?

So, nun probiere das Bildermalen mit folgenden Begriffen:

Fußball	**und**	**Ketschup**
Auto	**und**	**Haferflocken**
Koch	**und**	**Pinguin**
Bett	**und**	**Frosch**
Schnecke	**und**	**Lokomotive**
Dreirad	**und**	**Coladosen**

Decke jetzt die Wörter zu und zähle rückwärts von 100 bis 0 alle Zahlen, die durch 7 teilbar sind. Lasse die erste Spalte wieder sichtbar werden und teste, ob dir jeweils das dazugehörige Wort einfällt.
Morgen deckst du die erste Spalte ab und ergänzt die fehlenden Begriffe der zweiten Spalte.

Gefüllte Badewanne

Wie schnell findest du Wörter zum Thema Ferien mit diesen Anfangsbuchstaben?

B ....
A ....
D ....
E ....
W...........
A ....
N ....
N ....
E ....

Clever, clever

Weißt du, was ein Löwenzahn ist? Natürlich! Ein Löwenzahn ist einmal ein Zahn eines Löwen und zum anderen eine gelb blühende Pflanze, die auch Pusteblume genannt wird.
Die Beschreibung für Löwenzahn könnte sein:
Beißwerkzeug des Königs der Tiere + Pusteblume
Es gibt viele Begriffe, die eine doppelte Bedeutung haben, also ein Teekesselchen sind.

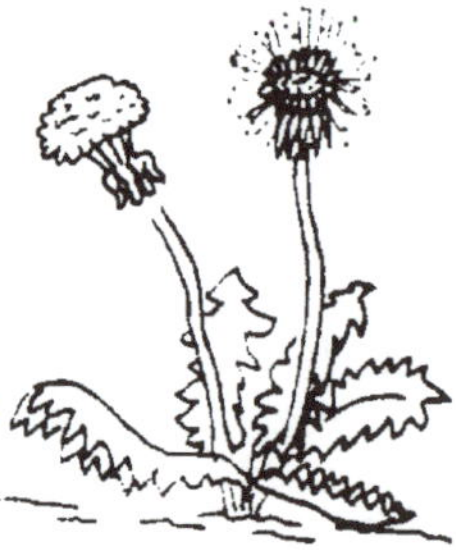

Hier ein paar Beispiele:

Einwohner der deutschen Hauptstadt + rundes Gebäck = ?
Käse + Bewohner eines deutschen Gebirges = ?
Zeltzubehör + Fisch = ?
Körperteil des Schweins + Gebäck = ?
Insekt + keine Krawatte = ?
Meeresteil + Spiel = ?
Unterirdischer Gang + Gebäck = ?
Kartenspiel + dunkel angemalter Junge = ?

Wenn du die Antworten nicht weißt, dann entziffere doch einfach die Geheimschrift und du erhälst die Lösungen.

Geheimschrift:

B R I H E G S N

♌♏□●♓■♏□ ♒♋□⌘♏□ ♒♏□♓■♑ ⬧♍♒⬧♏♓■
⬧□♒□ ♐●♓♏♑♏ ♑□●♐ ⬧◆□●●♏■
⬧♍♒⬧♋□⌘♏□ □♏◆♏□

Diebesgut

Der Dieb ist gefasst, doch der Transporter mit dem Diebesgut ist spurlos verschwunden. Wanda Watch ist ganz sicher, dass das gesuchte Auto in der Garage der Diebesfreundin steht. Grille Grips schüttelt jedoch den Kopf: „Das kann nicht sein, der Transporter ist 2 cm zu hoch. Er passt nicht in die Garage."
Das ist eine harte Nuss. Wer kann sie knacken?

Tipps !! und Tricks: !!!

Wenn du in kurzer Zeit viele Infos speichern willst, suche dir einen Ort, an dem du dich pudelwohl fühlst. Je entspannter du bist, desto besser arbeitet dein Gripscomputer. !!!

Lösung der Scherzfrage: 8 - 15 - 19 - 5
(Hinter jeder Zahl verbirgt sich ein Buchstabe)

Witz:

Nikolaus muss eine Stunde nachsitzen. Als er heimkommt, fragt seine Mutter ärgerlich: „Wo kommst du denn so spät her?" Nikolaus im Tonfall seines Vaters: „Ich musste Überstunden machen."

2. Tag

Scherzfrage:
Wer hat keinen Körper und ist doch sichtbar?

Ufo-Time

Wie schnell findest du die 10 Fehler?

Der Papalagi

Wer ein Problem erfolgreich lösen will, braucht viel Geduld und volle Konzentration. Mit diesem rückwärts geschriebenen Text kannst du deine Konzentration testen und trainieren.
Lies diese Zeilen so schnell wie möglich und versuche dabei den Inhalt zu behalten.

„red igalapap tbeil sad ednur llatem dnu sad erewhcs reipap. re tbeil se, netiekgissülf nov retetöteg thcurf dnu hcsielf mov niewhcs dnu dnir dnu neredna nehcilkcerhcs nereit ni nenies hcuab uz nut, re tbeil rov mella hcua sad, saw hcis thcin nefierg tssäl dnu sad hcod ad tsi: eid tiez." (aus: Der Papalagi – Die Reden des Südseehäuptlings Tuiavii)

Geschichten erfinden

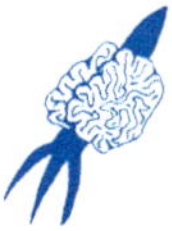

Wenn du dir wichtige Begriffe merken möchtest, verpacke sie in eine möglichst lustige Geschichte, dann behältst du sie bestimmt. Versuche es mal.

Wenn deine Geschichte fertig ist, stell dich hin, summe deinen Lieblingssong und mache dabei 10 Kniebeugen. Mal sehen, ob du die Geschichte dann noch genauso erzählen kannst, ohne natürlich auf die Wörter zu schielen.

Blindgänger

Jeweils unter vier Fremdwörtern hat sich ein Blindgänger geschmuggelt, der dort nicht hingehört.
Finde diese Blindgänger so schnell wie möglich und unterstreiche sie mit der linken Hand. Wie viele Minuten brauchst du?
Beispiel: Magnolien, Champignon, **Gangway**, Champagner
Bei Gangway steht hinter dem g ein w und kein n.

Taxi, Mixer, Praxis, Maxi

Akkordeon, Rokoko, Makkaroni, Schirokko,

Handy, Baby, Rowdy, Lady

Couch, Cousin, Coach, Clou

Taiga, Bonsai,Taifun, Taille

Konfekt, Objekt, Subjekt, Projekt

Raketen, Takelage, Pakete, Magneten

Journal, Bouquet, Ragout, Cousine

Chaussee, Charme, Chef, Chauffeur

Wann wirft ein UFO einen blauen Schatten? Wenn du es nicht weißt, versuche diesen Text zu entziffern:

Geheimschrift:
W#nn d&s Uf= mit vi=l#tt#m Licht &ng#str&hlt wird. Di# F&rb#d#s Uf=s spi#lt dab#i k#in# R=ll#. Di# F&rb# d#s Sch&tt#ns hängt nur v=n d#r R&rb# d#s Lichts &b. W#iß#s Licht #rz#ugt #in#n schw&rz#n Sch&tt#n und r=t#s Licht #ein#n h#llbl&u#n Sch%tt#n.

Gästeliste

Im Haus des Reeders Möggerich ist ein Verbrechen geschehen und die Kripo ermittelt auf Hochtouren. In der Gästeliste der Party fallen merkwürdige drei Namen auf, die niemandem bekannt sind: Arev Remmos, Etaner Drahreg und Nitram Regreb

Diese Namen stehen nicht im Telefonbuch, trotzdem kann Hauptkommissar Hollmann die drei Täter am nächsten Tag überführen.
Wanda und Grille sind ratlos? Immer wieder lesen sie die Namen. Plötzlich lacht Grille. Weißt du warum?

Tipps !! und Tricks: !!!

Beim Geschichtenerfinden ist es ganz wichtig, in Gedanken einen kleinen Film zu drehen und alles wie im Kino auf einer Leinwand zu sehen. Je lustiger der Film ist, desto mehr freut sich dein Gehirn und speichert gerne alle Einzelheiten ab. !!!

Lösung der Scherzfrage: 19 - 3 - 8 - 1 - 20 - 20 - 5 - 14

Witz:
„Sag mal Danny, werdet ihr in der Schule eigentlich aufgeklärt?", fragt die Mutter. Danny überlegt, schüttelt dann den Kopf und lacht verschmitzt: „Die Aufklärung ist nicht so prickelnd, aber was möchtest du denn wissen?"

Scherzfrage: Wie kann ein Schneider die Himmelsrichtungen verändern?

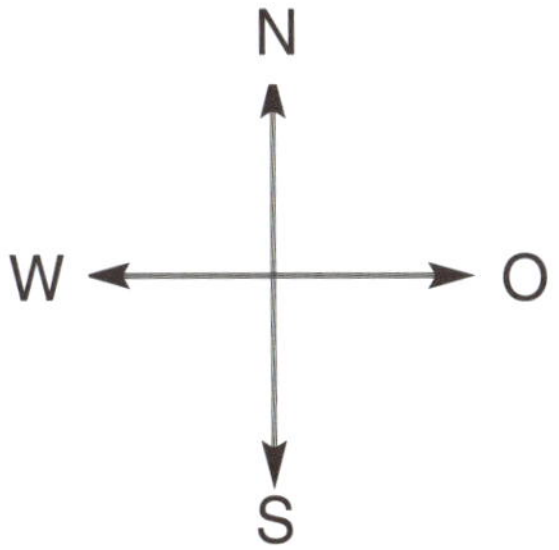

Oma und Opa

Wenn du die Fehler gefunden hast, klappe das Buch zu, mache 5 Kniebeugen und versuche dich an möglichst viele Einzelheiten zu erinnern.

Fantasiegeschichten

Grille und Wanda sitzen in ihrem Baumhaus und erzählen sich gegenseitig Fantasiegeschichten, in denen ganz bestimmte Wörter vorkommen müssen. Wanda denkt sich Wörter aus, die in Grilles Geschichte genau in dieser Reihenfolge erscheinen sollen:

Bahnhof - Parkhaus -Eislaufhalle - Flohmarkt - Abenteuerspielplatz - Ententeich - Wolkenkratzer - Eisenbahnbrücke - schneebedeckter Vulkan - Sonnenblumenfeld - Dinosaurier

Welche Fantasiegeschichte fällt dir mit diesen Wörtern ein?

Oma und Opa

Wie schnell fallen dir 13 Wörter ein, die, wie Oma und Opa, aus drei Buchstaben bestehen?
Übrigens, es gibt auch Wörter, in denen eine **Oma** oder ein **Opa** versteck sind wie z.B. **Tomate** oder **Europa**. Findest du noch mehr versteckte Omas und Opas?

Clever, clever

Entscheide dich (oder schlage im Lexikon nach), ob die Infos in dieser Behauptung alle der Wahrheit entsprechen. Wenn du es gar nicht herausbekommst, dann rate doch mal oder entziffere die Geheimschrift

Wolfgang Amandus Mozart lebte von 1756 – 1791. Er hat 14 Sinfonien produziert, die letzte war die Planeten Sinfonie in C- Dur. Die Begleitmusik einiger Autowerbungen ist von Mozart.

Verschlüsselte Mail

Grille und Wanda arbeiten wieder einmal an einem kniffligen Fall. Die Frage ist, wie hatten sich die beiden Verbrecher darüber informiert, wann der Besitzer der Yacht nicht auf seinem Luxusschiff war.

Obwohl das Telefon die ganze Zeit überwacht wurde, fiel den Kripobeamten nichts Ungewöhnliches auf. Grille und Wanda durften die Bänder noch einmal abhören und entdeckten einen merkwürdigen Satz:

„Die Jazzweisen im Vereinsheim waren kurzweilig, störten aber den Revierförster"

Grille und Wanda lasen den Satz ein paarmal und schauten sich dann wissend an. Durchschaust du die Sache auch?

Tipps !! und Tricks: !!!

Kettenmethode

Wenn du dir Begriffe in einer bestimmten Reihenfolge merken möchtest, verknüpfte sie in Gedanken so miteinander als würdest du die Glieder einer Kette miteinander verbinden. Wichtig ist, sich nicht nur die einzelnen Dinge zu merken, sondern praktisch einen „Film" zu drehen und dabei mit der Kamera ganz langsam von einem Gegenstand zum nächsten zu schwenken. !!!

Lösung der Scherzfrage: 5 - 18 - 20 - 18 - 1 - 5 - 7 - 20 - 23 – 5 – 19 – 20 – 5 – 14 – 14 – 1 – 3 – 8 – 15 - 19 - 20 - 5 - 14

Witz:

Oma ist zu Besuch und fragt ihre drei Enkelkinder nach den Leistungen in der Schule. „Ich bin die Erste in Mathe", sagt Laura. „ Ich bin der Erste im Diktat", erzählt Jan. „Und du", will die Oma vom kleinen Max wissen. Mäxchen grinst und sagt: „Ich bin der Erste auf dem Pausenhof, wenn es klingelt."

Scherzfrage:
Was ist das? Je mehr es bekommt, desto hungriger wird es?

Verwirrte Telefone

Wie schnell findest du heraus, welches Telefon zu welchem Kind gehört?

Muschel und Mond

Erfinde eine kleine Geschichte, in der diese Dinge vorkommen. Steh auf und strecke dich so sehr, als wolltest du mit den Fingerspitzen den Mond oder besser die Zimmerdecke berühren. Zähle dann rückwärts von 13 - 0 und schreibe mit der linken Hand auf, an was du dich noch erinnerst.

Doppelt gemoppelt

Fülle die Lücken mit Doppelkonsonanten und unterstreiche die Begriffe, bei denen beide Wortteile mit dem gleichen Buchstaben beginnen. Wenn du eine Stoppuhr hast, dann stoppe doch mal die Zeit.

Su..ente..er, So..erso..e, Wa..erto..e, Me..ingwa..e, Ka..eeta..en, Flu..be.., Wa..erke..el, Wa..erfä..e, Sto...a..en, Ki..enhü..e, Hi..elbe.., Do..elki.., Ka...eeka..e, Te..isba.., Do..erwe..er, Pa..ela..ee, Kla..era..e, Fe..elba..on, Pu..enmu..er, Ro..enfe.., Mo..enmi..el, Ra..enfa..en, Scha..enri..e, Tre..enmi..e, Kle..verschlu.. .

Clever, clever

Was glaubst du, seit wann fahren Kinder und Erwachsene mit dem Fahrrad?

Geheimschrift:

Von 0 auf 100

Grille Grips fährt heute mit seinem Onkel, Kommissar Hellermann, im Streifenwagen. Er darf bei einem Einsatz dabei sein. Aufregend! Von weitem entdeckt Grille an einer Tankstelle ein riesengroßes Werbeplakat mit der Aufschrift: „Von 0 auf 100". Erst als sein Onkel an die Zapfsäule heranfährt, kann Grille auch den kleingedruckten Text unten auf dem Plakat entziffern:

„Wer als erster die Ziffern von 0 - 9 so addiert, dass die Zahl 100 zum Ergebnis wird, kann bei uns für Null Euro 100 mal tanken"
(Jede Ziffer darf nur einmal benutzt werden?)
Grille denkt fieberhaft nach und als der Tank gefüllt ist, schreit er aus dem Auto heraus: „Ich habs, ich habs, du brauchst nichts zu bezahlen!"
Wie schnell findest du die Lösung?

Tipps und Tricks:

Fantasietraining

Wenn du auch hinter das Geheimnis der verrücktesten Kriminalfälle kommen willst, musst du viel Fantasie haben. Fantasie kannst du trainieren. Nimm öfter mal ein Buch oder eine Zeitschrift, schlage eine beliebige Seite auf und lies 3 Sätze. Klappe das Buch oder die Zeitschrift wieder zu und denke dir aus, wie der Text weitergehen könnte.

Lösung der Scherzfrage: 6 - 5 - 21 - 5 - 18

Witz:
Isabell sagt zu ihrer Freundin Sabine: „Ich kann Türkisch, Griechisch und Italienisch." „Sprechen?", fragt Sabine bewundernd. „Nein, essen!"

Scherzfrage:
Mit welcher Hand rühren Chinesen die Suppe um?

Rundherum

Ein Superdetektiv sieht, hört, riecht und spürt alles.
Damit auch du super wirst, trainiere regelmäßig deine Wahrnehmung.
Heute eine ganz einfache Frage, die dich in den nächsten Tagen ständig begleiten soll:

Was ist in deiner Umgebung alles rund?

Nach kurzer Zeit schon wirst du erstaunt sein, wie viele runde Dinge du mit einmal siehst, die du vorher gar nicht bemerkt hast.

Vokalei

Finde aus diesem Durcheinander so schnell wie möglich diejenigen Wörter heraus, bei denen mindestens drei Vokale hintereinander stehen und unterstreiche sie.

Koalabär, Bauaufsicht, Lauchauflauf, Maribuurlaub, Parteieintritt, Deutschaufsatz, Dachausbau, Seeerlebnis, Staubsauger, Kleeertrag, Dateieintrag, Kloaufsatz, Geleeente, Hausgast, Kernreaktion, Couchtisch, Spielidee, Kaffeeernte, Geologie, Blauauge, Ostereieinkauf, Tauausdehnung, Stauausmaß, Autohaube, Sauausstellung, Poebene, Reitereieinkünfte, Zeitgeist, Kanalisation, Linienschiff

1. Wie viele Wörter mit 3 Vokalen zählst du?
2. Wie viele Wörter mit 4 Vokalen zählst du?
3. Wie viele Wörter mit mehr als 4 Vokalen zählst du?
4. Wie viele „au" („ei") zählst du?
5. Wie viele Wörter mit mindestens 4 unterschiedlichen Vokalen zählst du?

Fußballtor, Fernseher und vieles mehr

Wie schnell merkst du dir alle Gegenstände.

Eineiige Zwillinge

Hier ist einiges durcheinandergeraten. Wie schnell kannst du die richtigen Begriffe einander zuordnen? Beispiel: Speise + Eis = Speiseeis

Speise	**Seide**
Stein	**Eis**
Reis	**Leiche**
Seil	**Bein**
Teich	**Leiter**
Stein	**Brei**
Ein	**Teil**
Bein	**Stein**
Fein	**Beißer**
Ei	**Treiber**
Eis	**Eid**
Mein	**Eiche**
Preis	**Kleid**

Wie viele „ei“ enthält das längste Wort, das dir einfällt?

Lösungsvorschlag: Reitereipreistreiberei!

Überlege dir ein paar Sätze oder eine kleine Geschichte, in der möglichst viele Wörter mit „ei“ vorkommen, aber keine Wörter mit „ai“.

Clever, clever

Wenn du diese Fragen nicht beantworten kannst, entziffere die Geheimschrift!

- Wer erreichte als erster Mensch den Südpol?
  (Tipp: Der Name beginnt mit „Am....“)
- Wer war der erste Weiße, der den afrikanischen Kontinent erforschte?
  (Tipp: Der Vorname des Engländers ist David)
- Welcher berühmte Seefahrer und Entdecker erreichte nie sein angestrebtes Ziel?
  (C.C. wollte nach Indien)

Geheimschrift:

DER NORWEGER ROALD

ΔΕΡ ΝΟΡΩΕΓΕΡ ΡΟΑΛΔ ΑΜΥΝΔΣΕΝ ΩΑΡ Φ⇐ΝΦ ΩΟΧΗΕΝ
ΣΧΗΝΕΛΛΕΡ ΑΛΣ ΡΟΒΕΡΤ ΦΑΛΧΟΝ ΣΧΟΤΤ
ΔΑςΙΔ ΛΙςΙΝΓΣΤΟΝΕ ΕΡΦΟΡΣΧΗΤΕ ΑΛΣ ΕΡΣΤΕΡ ΩΕΙ?ΕΡ
ΑΦΡΙΚΑ
ΧΗΡΙΣΤΟΠΗ ΧΟΛΥΜΒΥΣ ΕΝΤΔΕΧΚΤΕ ΑΜΕΡΙΚΑ

Neuzüchtung

Wanda besucht Herrn Grabbe in der Gärtnerei. Schon wieder hat der Gärtner neuen Blumensamen gezüchtet und ausgesät. Diese Blumen sollen so schnell wachsen, dass sie am 10. Tag 2m hoch sind. Herr Grabbe behauptet: „Diese Blumen verdoppeln ihre Höhe täglich.“ Wanda überlegt, wann die Blumen 50 cm hoch sein werden. Sie braucht nur 30 Sekunden, dann hat sie die Lösung.

Tipps und Tricks:

Im Alter von 11 – 12 Jahren wird in deinem Gripscomputer ein Stoff gebildet, der alle Verbindungsstellen auflöst, die bis dahin nicht oder kaum benutzt worden sind. Wenn du danach z.B. Französisch lernen möchtest, ist das nicht mehr so einfach. Es müssen erst einmal neue Schaltstellen im Gehirn gebaut werden, bevor du so richtig loslegen kannst. Lernen ist also in den ersten elf bis zwölf Jahren am mühelosesten. Hast du die Zeit optimal genutzt?

Lösung der Scherzfrage: 3 - 8 - 9 - 14 - 5 - 19 - 5 - 14 - 18 - 21 - 5 - 8 - 18 - 5 - 14 - 4 - 9 - 5 - 19 - 21 - 16 - 16 - 5 - 13 - 9 - 20 - 4 - 5 - 13 - 12 - 15 - 5 - 6 - 6 - 5 - 12 - 21 - 13

Witz:
„Felix, Felix, du wiegst aber viel zu viel für dein Alter", sagt der Arzt. „Ja, ja ich weiß", erwidert Felix. „Bei meinem Gewicht müsste ich schon 2,20m groß sein, aber ich esse und esse und wachse einfach nicht!"

Scherzfrage:
Wenn die Hosentasche ganz leer ist und trotzdem etwas darin ist, was kann das sein?

6. Tag

Mittagstisch

Wie schnell findest du die 10 Fehler, die sich hier eingeschlichen haben?

Hut – Geburtstag

Stell dir vor, du bist auf eine Geburtstagsfeier eingeladen. Das Geburtstagskind Peter wünscht sich, dass jeder eingeladene Gast einen Hut oder irgendeine Kopfbedeckung trägt. Du findest zunächst nichts richtiges und kommst schließlich zu spät. Alle Freunde sitzen bereits am Geburtstagstisch. Sie sehen sehr lustig aus mit den Kopfbedeckungen der Erwachsenen. Peter trägt einen Zeitungshut, Hans die Kapitänsmütze seines Vaters und Linda, rechts neben Hans, einen schokoladenbraunen Hut mit einer riesigen Krempe. Felix hat sich die Kochmütze seines Onkels aufgesetzt und Sarah den knallroten Filzhut ihrer Mutter. Anna trägt die zitronengelbe Baskenmütze ihrer großen Schwester und Alexander einen schwarzen Zylinder. Lisa wirkt in ihrem rosafarbenen Kleid, ihren blonden Locken und der rosafarbenen Tüllkappe ihrer Tante wie eine kleine Prinzessin. Jochen trägt seinen selbstgebastelten, lilafarbenen Turban und Torben hat sich eine goldene Krone aufgesetzt.. Du hast irgendwo eine schwarze Augenklappe gefunden und nun deine Haare unter einem großen, bunten Kopftuch versteckt. So siehst du aus wie ein Pirat oder eine Piratenbraut.

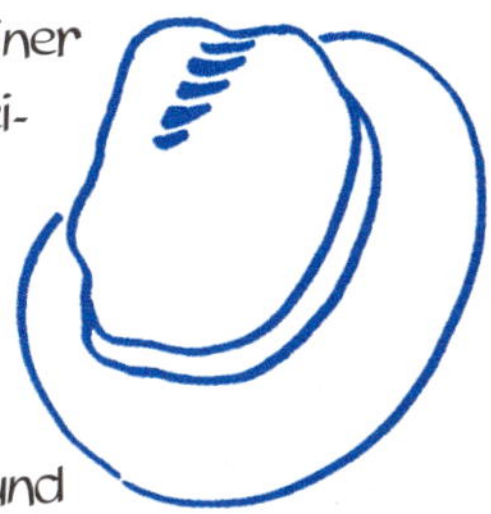

Alles Chinesisch

Der Chinese kann das „r" ganz schlecht aussprechen und sagt dafür „l". Aus einer Rose wird also das Wort Lose. Welche Wörter fallen dir noch ein, bei denen man aus einem „r" ein „l" machen kann?
Erfinde einen lustigen Satz, in dem ganz viele „r" vorkommen und spreche sie wie ein Chinese mit lauter „l".

Clever, clever

Was glaubst du, wann wurde die Kartoffel nach Europa gebracht?

Geheimschrift:

SIR WALTER ....

ΣΙΡ ΩΑΛΤΕΡ ΡΑΛΕΙΓΗ ΒΡΑΧΗΤΕ ΙΜ ΣΕΧΗΖΕΗΝΤΕΝ ϑΑΗΡΗΥΝΔΕΡΤ ΔΙΕ ΚΑΡΤΟΦΦΕΛ ΝΑΧΗ ΕΥΡΟΠΑ:

Farbenreicher Parkplatz

Herr Merle, der Chef einer bekannten Autofirma ist ein Freund von Grilles Vater und ein Freund außergewöhnlicher Ideen.

Als Grille und sein Vater am Samstag in der Autofirma auftauchen, um sich die Gebrauchtwagen anzuschauen, erzählt Herr Merle begeistert von seinem Plan für die Jubiläumsfeier zum 25-jährigen Bestehen der Firma. Er will aus seinen 5 Abteilungen jeweils fünf Mitarbeiterinnen auswählen, die in dem neuen Modell auf einen besonders markierten Parkplatz mit 25 Feldern (5 Fünferreihen) fahren sollen, allerdings unter einer Bedingung. Die Autos jeder Abteilung haben eine andere Farbe (Blau, Rot, Grün, Gelb, Silber) und in jeder Fünferreihe des Parkplatzes – ganz gleich in welcher Richtung – dürfen höchstens 2 Wagen in der gleichen Farbe parken.

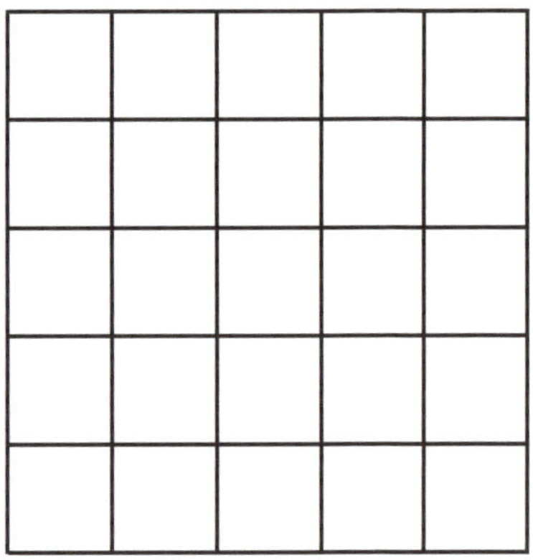

Die Abteilung, die diese Aufgabe löst, erhält ein Auto und eine Woche Sonderurlaub. Grille beginnt bereits seine Stirn in Falten zu ziehen, ein Zeichen angestrengten Nachdenkens. Herr Merle schaut Grille an und lacht. Na, das scheint ja ein Fall für den Detektiv Grille Grips zu sein. Okay, wenn du die Lösung bis morgen findest, darfst du dir von diesen Gebrauchtwagen hier einen für deine Familie aussuchen." Und zu Grilles Vater gewandt meint er: „Mal sehen, ob diese ständige Detektivspielerei tatsächlich Erfolg bringt."

Tipps und Tricks:

Wenn du für eine Klassenarbeit oder ein Referat lernst, dann nutze die Fähigkeiten deines Gripscomputers. Sprich die Daten und Fakten auf Kassette und höre sie später mehrfach an.
Du musst dabei nicht einmal intensiv zuhören, sondern kannst dich mit irgendetwas beschäftigen.
Dein Gehirn speichert – wenn es den Text oft genug hört – auch ohne deine Unterstützung. Denk an die Werbesendungen im Fernsehen. So sparst du Zeit und anstrengendes Lernen.

Lösung der Scherzfrage: 12 - 15 - 3 - 8

Scherzfrage:
Welcher Wurm hat menschliche Gestalt?

Eins – zwei oder drei

Unterstreiche und zähle bei diesen zusammengesetzten Wörtern möglichst schnell die jeweils gleichen Anfangsbuchstaben. Vorsicht! Nicht alle Begriffe sind aus Wörtern zusammengesetzt, die mit den gleichen Anfangsbuchstaben beginnen. Welche Summe kommt heraus?

Beispiel; Blumenblätter 2

Parkplatz Spargelspalier Telefontest Grubengrund
Gemüsegemisch Farbklecks Kamelkarawane
Wandmalerei Kaffeekanne Gänsegarten
Pappplakat Computermaus Nullnummer
Salzsäure Diamantendiademe Angleranzug
Puppenpullover Gummimatte Kinderspielzeug
Balkonbalken Stickstich Samtsachen Tannennadeln
Mottenmittel Sommersonne Fußfessel Gebirgsgegend
Staubsauger Tapeziertisch Konfektkonsum
Patientenpapier Puddingpulver Kioskverkäufer
Wolkenkratzer Flussfähre Krankenkasse Kinokarte
Teetasse Filmfigur Rosenrot

Weitere Fragen:

1. Wie viele Wörter enden auf „er“?
2. Wie viele „p“ kommen insgesamt vor?
3. Wie viele Doppelkonsonanten zählst du?
4. Wie viele Vokale zählst du?

Zauberteppich

Grille und Wanda haben sich heute eine Geschichte ausgedacht:

Wie im Märchen fliegen wir auf einem wunderbaren purpurroten Teppich in ein fernes Land, in eine orientalische Stadt. Wir landen mitten auf einem Bazar - ein Gewimmel von Menschen um uns herum - exotische Gerüche. Ein Mann mit einem langen, wallenden weißen Bart, raucht eine Wasserpfeife und schlürft einen starken Mokka. Bunte Gewänder hängen an Buden, Schmuck aus Silber, Gold und Edelsteinen wird feilgeboten. Wir lassen uns weiterschieben und kommen an einen Stand mit süßen Backwaren und vielen außergewöhnlichen Gewürzen. Gegenüber werden Schuhe geflickt und ein paar Schritte daneben sitzt ein glatzköpfiger, dicker Mann und wird rasiert. Neben ihm liegt ein bulliger schwarzer Hund mit einem furchterregenden Gebiss. Fleisch, umschwirrt von Fliegen, liegt auf einem breiten, schweren Holztisch. Lautes Stimmengewirr umgibt uns. Lachende Kinder schubsen uns und schlüpfen durch die kleinen Lücken in dem Menschengewühl. Plötzlich stehen wir vor dem Eingang zu einem Palastgarten und atmen erleichtert auf. Nach wenigen Schritten befinden wir uns zwischen blühenden und duftenden Sträuchern. Große Palmen säumen den Weg, der direkt zum Palast führt. Vor dem marmornen Portal liegt unser purpurner Zauberteppich. Frohen Herzens und erfüllt von all den wunderbaren Erinnerungen fliegen wir in unser Land zurück.

Elefantenspiel

Kennst du die Geschichte von dem Schüler, der etwas über Elefanten erzählen soll, sich aber nur mit Regenwürmern auskennt? Dieser Schüler beginnt so: **„Ein Elefant hat einen langen Rüssel. Der Rüssel erinnert mich an einen Regenwurm. Der Regenwurm....“**

Wie geht es weiter, wenn du immer mit dem letzten Wort eines Satzes einen neuen Satz beginnst?

Clever, clever

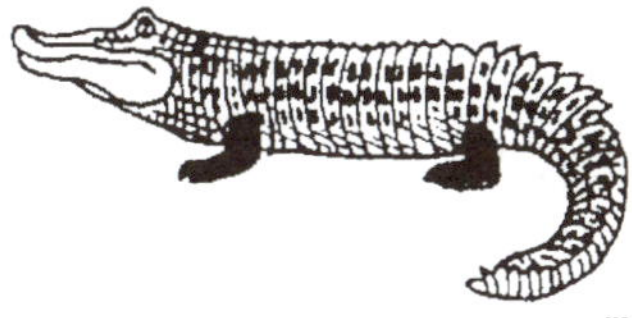

Glaubst du, dass es Krokodilstränen gibt?

Geheimschrift:

JA ABER ......

ϑA; ΑΒΕΡ ΚΡΟΚΟΔΙΛΕ ΩΕΙΝΕΝ ΝΙΧΗΤ; ΩΕΙΛ ΣΙΕ ΤΡΑΥΡΙΓ ΣΙΝΔ ΟΔΕΡ ΣΧΗΜΕΡΖΕΝ ΗΑΒΕΝ; ΣΟΝΔΕΡΝ ΩΕΙΛ ΣΙΕ ΝΑΧΗ ΕΙΝΕΜ ΖΥ ΓΡΟ?ΕΝ ΒΙΣΣΕΝ ΝΑΧΗ ΛΥΦΤ ΓΕΣΧΗΝΑΠΠΤ ΗΑΒΕΝ:

Im Dreieck springen

Grilles und Wandas Lehrer für Sport und Mathematik, Herr Ixtel, ist bekannt für seine Überraschungen. Heute sagt er zu seinen Schülern vor dem Weitsprungtraining: „Wer mit 6 Sprüngen 8 Dreiecke entstehen lassen kann, der braucht eine Woche keine Hausaufgaben in Mathe zu machen" Grille braucht nur 30 Sekunden, dann springt er los. Wanda braucht 5 Sekunden länger. Sie springt jedoch etwas anders als Grille. Herr Ixtel ist verblüfft, dass in so kurzer Zeit zwei richtige Lösungen geboten werden. Damit hat er nicht gerechnet, aber sein Wort gilt. Eine Woche keine Mathehausaufgaben.

Tipps !! und Tricks: !!!

Wenn du deinen Scharfblick noch mehr trainieren möchtest, dann lies doch mal einen Abschnitt in deinem Lieblingsbuch so schnell wie möglich und zähle dabei z.B. alle „e" oder alle „u".

Lösung der Scherzfrage: 2 - 21 - 5 - 3 - 8 - 5 - 18 - 23 - 21 -18 - 13

Witz:

Svenja, die beste in Biologie meldet sich und fragt: Herr Kleinfloh wollten wir heute nicht über das Gehirn sprechen?" „Ja, ja, eigentlich schon, aber heute habe ich etwas anderes im Kopf."

Scherzfrage:

Welches Stück wird nie aufgeführt?

8. Tag

Jeans und Jaguar

Wie schnell findest du die 10 Fehler, die sich hier eingeschlichen haben?

Wenn du die Fehler gefunden hast, klappe das Buch zu, mache 5 Kniebeugen und versuche, dich an möglichst viele Einzelheiten zu erinnern.

Dreierpack

Heute ist wieder einmal deine Kreativität gefragt. Male aus jeweils drei Begriffen ein Fantasiebild.

Astronaut – Uhr – Gans
Wolke – Brief – Orange
Computer – Eierbecher - Sonne
Kaktus – Bleistifte – Schnee
Apfel – Brille - Radio

Klappe das Buch zu, zähle rückwärts von 96 alle Zahlen, die durch 8 teilbar sind und schreibe mit der linken Hand die Dinge auf, an die du dich noch erinnerst.

Wolkenkratzer und Flugzeugträger

Du weißt natürlich, dass ein Wolkenkratzer ein sehr hohes Hochhaus ist, aber könnte ein Wolkenkratzer im Spaß nicht auch ein Beruf sein? Jemand kratzt an den Wolken!
Ein Flugzeugträger ist ein Mensch der Flugzeuge trägt.
Kennst du noch mehr solcher merkwürdigen Berufe?

Clever, clever

Weißt du, woher der Name Januar kommt? Wenn nicht, nenne ganz schnell mindestens 7 Wörter, die mit „J" anfangen.

Geheimschrift:

D e r   J a n u a r ....

□ ♏❒   □ ♋■□ ♋❒   ♓⬧◆   ■♋♍♒   □ ♏□
❒□□ □ ♓⬧♍♒♏■   ♑□◆◆   □ ♋■□ ⬧   ♌♏■♋■■◆□
□ ♏❒   ♏♓■♏■   □ □□♐   □ ♓◆   ⌘⬧♏♓
♑♏⬧♓♍♒◆♏❒■   ♒♋◆◆♏

Kreative Hausnummer

In der Nachbarschaft, Riesenstraße 67, ist ein neuer Hausbesitzer eingezogen, Herr Windisch. Als Grille und Wanda ihn vor dem Haus treffen und ihn begrüßen, erzählt er, dass er auf dem Weg zum Baumarkt ist, um seine Hausnummer zu kaufen und zwar eine ganz besondere Form in Neongelb.
Am nächsten Tag bleiben Grille und Wanda erstaunt vor dem Haus Nr. 67 stehen. Frau Windisch öffnet das Fenster und lacht: Ja, da staunt ihr. Es gab keine 7 mehr und da hat mein Mann einfach 4 mal die 6 gekauft und drei römische Einsen.
„Eine super Idee, muss man erst mal drauf kommen."
Wie sieht nun die Hausnummer von Familie Windisch aus?

Tipps und Tricks:

Heute ein Trick, wie du dein Gedächtnis enorm verbessern kannst: Stell dir zunächst die zu merkenden Infos in einem Bild vor. Wenn du mehrere Infos in ein Fantasiebild packst, denkt dein Gripscomputer, es sei nur eine Info und speichert sie schneller und sicherer ab.

Lösung der Scherzfrage: 7 - 5 - 12 - 4 - 19 - 20 - 21 - 5 - 3 - 11

Witz:

„Heute hat die Uroma noch nicht an ihren Nägeln herumgekaut." „Wie hast du das denn geschafft?", fragt der Vater den kleinen Fridolin. „Ich habe ihre Zähne versteckt."

Scherzfrage:

Welche Kunden werden nicht bedient?

Indianer und Igel

Wie schnell findest du die 10 Fehler, die sich hier eingeschlichen haben?

Wenn du die Fehler gefunden hast, klappe das Buch zu, mache 5 Kniebeugen und versuche dich an möglichst viele Einzelheiten zu erinnern.

Grün + Weiß

Was ist grün wie Gras?

Fallen dir Wörter ein, in denen die Farbe Grün auftaucht?

Was ist weiß wie Schnee?

Erfinde eine kleine Geschichte, in der alle Grünwörter und alle Weißwörter vorkommen?

Nordseeinseln

Kennst du deutsche Nordseeinseln? Wenn du dir die Ostfriesischen Inseln in der richtigen Reihenfolge merken möchtest, dann brauchst du einfach nur an diesen Satz denken: **„Bodo jagt nachts brummige Löwen und stechende Wanzen“** Die Anfangsbuchstaben dieser Wörter sind gleichzeitig die Anfangsbuchstaben der Inseln von Westen nach Osten: Borkum, Juist, Norderney, Baltrum, Langeoog, Spiekeroog und Wangerooge. Mal sehen, ob du die Inseln morgen nennen kannst.

C „ä “sar von A – Z

Wie schnell findest du mit 13 unterschiedlichen Anfangsbuchstaben ein Wort, das ein „ä“ enthält.
(natürlich keine Pluralwörter!)

Lustiger Einkauf

Erinnerst du dich noch an die Kettenmethode? Versuche mal auf diese Weise einkaufen zu gehen.

Himbeermarmelade – Filtertüten – Vogelfutter – Müllbeutel – Zahnpasta – Waschpulver – Buntstifte – Kiste Mineralwasser

Clever, clever

Kennst du dich aus mit Sehenswürdigkeiten?

1. Wo steht das Brandenburger Tor?
2. Wo findest du den Eiffelturm?
3. Wo kannst du die Freiheitsstatue bewundern?

Geheimschrift:

□ □ □ □ □ □ □ □□ □ □ □□ □ □ □ □ □

Turmbau

Grille hat in einer Kiste ganz viele leere Streichholzschachteln. Als Wanda ihn heute besucht, fragt er sie: Kannst du in 2 Minuten einen Turm aus 25 Streichholzschachteln bauen, den du in einer Hand halten kannst, ohne dass er einstürzt ?
Wanda lacht: Natürlich!
Kennst du den Trick? Versuche es mal.

Tipps und Tricks:

Was glaubst du, wie lange du brauchst, um dir 30 Vokabeln zu merken, wenn du 15 Vokabeln in 10 Minuten lernst? Die doppel te Zeit meinst du? Nein, du brauchst die dreifache bis vierfache Zeit. Probiere es mal aus. Das bedeutet, teile dir deinen Lernstoff in kleine Portionen ein, dann dauert es nicht so lange und du hast mehr Zeit für andere Dinge.

Lösung der Scherzfrage: 19 - 5 - 11 - 21 - 14 - 4 - 5 - 14

Witz:
„Stehst du immer so früh auf?" „Nein, nur einmal am Tag!"

Scherzfrage:

Welcher Läufer wird nie müde?

Wer ist der Schnellste?

Heute kannst du deine Aufmerksamkeit testen. Wichtig dabei ist, dass du die Zeit stoppst, das heißt, dass du so schnell wie möglich die folgenden Anweisungen befolgst. Zeit läuft!

1. **Lies alles, bevor du weitermachst.**
2. **Schreibe schnell deinen Namen in die linke obere Ecke**
3. **Kreise im vorigen Satz das Wort „schnell" ein.**
4. **Unterstreiche die Hauptwörter der ersten drei Sätze.**
5. **Schreibe ein x in die rechte obere Ecke.**
6. **Kreise das x ein**
7. **Schreibe deinen Namen in die rechte untere Ecke**
8. **Jetzt, da du alles gelesen hast, befolge nur Anweisung 7**

Gedächtnistrick

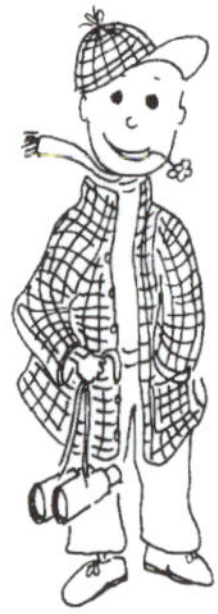

Merke dir heute für jede Zahl von 1 bis 10 ein Bild. Mal sehen wie viele Bilder du speichern kannst. Du hast 2 Minuten Zeit.

1 = Turm

2 = Brille

3 = Dreieck

4 = Fenster

5 = Hand

6 = Würfel

7 = 7 Zwerge

8 = Achterbahn

9 = Kegel

10 = Zehen

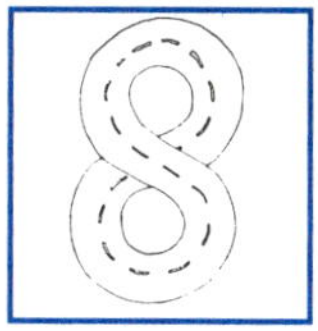

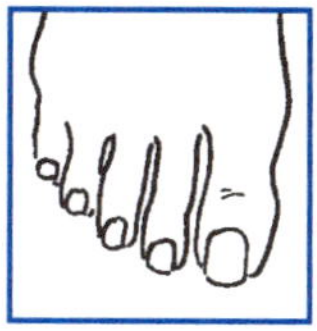

Decke jetzt die Seite zu.
Zähle rückwärts von 20 – 0 und schreibe die Begriffe auf, an die du dich noch erinnerst.

Sicher ist dir aufgefallen, dass jeder Begriff für eine bestimmte Zahl typisch ist. Ein Turm steht wie eine eins; eine Brille hat zwei Gläser, ein Dreieck drei Ecken, ein Fenster vier Ecken, eine Hand fünf Finger, ein Würfel hat sechs Seiten, im Märchenbuch kommt die Zahl 7 immer wieder vor; usw. Wenn du dir in Zukunft Dinge in einer bestimmten Reihenfolge merken willst, brauchst du dir nur die entsprechenden Bilder vorzustellen.

Paris – Senegal – London – Nordpol

Wie lang wird deine Wörterkette in 2 Minuten, wenn sie nur aus geographischen Begriffen bestehen darf. Wenn dir das zu einfach ist, sorge dafür, dass sich die Kette möglichst nach 13 Wörtern wieder schließt.

Clever, clever

Elias Howe wurde im Traum von Wilden gefangen, die ihn mit Speeren bedrohten. In allen Speerspitzen befand sich ein Loch. Er erwachte und erkannte die einzig brauchbare Lösung für sein Problem. Was hat Elias Howe erfunden? Tipp: Ohne diese Erfindung könntest du kein T-Shirt und keine Hose anziehen.

Geheimschrift:

E L I A S H O W E ...

Verrückte Mathematik

Grille und Wanda gehen in die Stadt. Grille braucht für Mathe einen neuen Zirkel.
Als sie an einer Ampel stehenbleiben müssen, sagt Grille plötzlich:

1 Bus + 3 Autos + 2 Schubkarren + 3 Mofas ergeben 4 Fahrräder

Wanda schüttelt ungläubig den Kopf. „Was soll das denn jetzt? Spinnst du?
Ja, ist das nun totaler Unsinn oder glasklare Logik?

Ein kleiner Tipp: Die Wörter haben einen bestimmten Zahlenwert zwischen 1 und 10.

Tipps und Tricks:

Wiederhole gelernten Stoff in einem anderen Raum. Nur so wirst du feststellen, ob die Infos wirklich so gut gespeichert sind, dass du sie jederzeit und überall abrufen kannst. Du speicherst näm lich Dinge in deiner Umgebung mit und diese Dinge helfen dir beim Erinnern.

Lösung der Scherzfrage: 20 - 5 - 16 - 16 - 9 - 3 - 8

Witz:

„Wegen deiner Bummelei haben wir jetzt den ug verpasst", schimpft der Vater. „Wegen deiner Hektik müssen wir nun so lange auf den nächsten ug warten", erwidert Charly.

Scherzfrage:

Welchen Puter kann man nicht essen?

Blau, blau, blau

Heute stelle ich dir zunächst diese einfache Frage:

„Was ist in deiner Umgebung alles blau?"

Achte in den nächsten Tagen immer wieder darauf, was in deiner Umgebung (in der Wohnung, in der Schule, auf dem Schulweg,...) alles die Farbe Blau hat.

Liniengewirr

Wie schnell findest du nur mit den Augen heraus, wo die Linien enden?

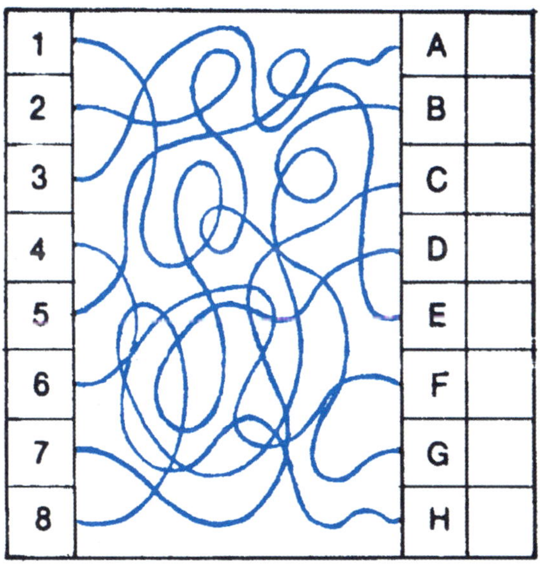

Pferd und Stiefel

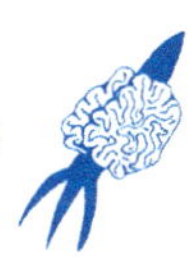

Versuche heute wieder einmal aus jeweils zwei Begriffen in der Fantasie ein Bild zu malen.

Wenn du öfter deine Vorstellung mit solchen Übungen trainierst, wirst du bestimmt ein Meisterdetektiv.

Pferd und Stiefel

Parkuhr und Maus

Computer und Torte

Sofa und Ampel

Tinte und Badewanne

Kaktus und Hut

Schere und Würstchen

Telefonzelle und Clown

Garten und Leuchtturm

Fisch und Schultasche

Kreide und Stuhlkissen

Decke jetzt die Wörter zu und zähle rückwärts von 100 bis 0 alle Zahlen, die durch 7 teilbar sind. Lasse die erste Spalte wieder sichtbar werden und teste, ob dir das dazugehörige Wort einfällt.
Morgen deckst du die erste Spalte ab und ergänzt die fehlenden Begriffe.

Fisch und Frosch

Fisch und Frosch sind zwei Tiere, die mit dem gleichen Buchstaben anfangen. Jetzt werden ganz schnell zu möglichst vielen Buchstaben des Alphabetes Pflanzen oder Tiere gesucht, bei denen das ebenso ist.

Clever, clever

Weißt du, wo die Osterinsel liegt? In dem verschlüsselten Text findest du die Lösung.

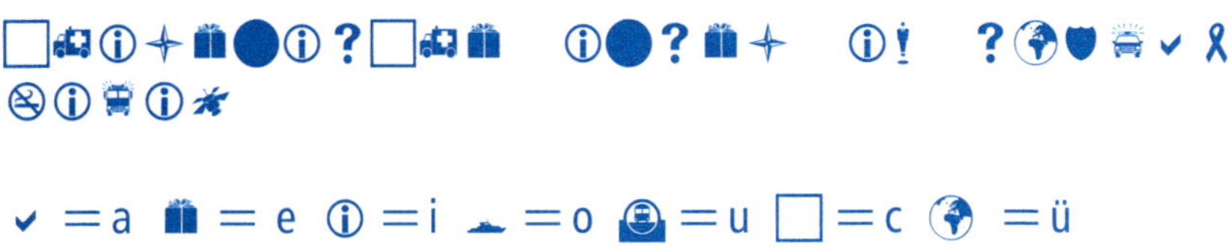

Geburtstagstorte

Heute hat Wanda Geburtstag. Sie hat eine Torte gebacken und 7 Freundinnen und Freunde eingeladen.
Da Wanda abergläubisch ist und die Zahl drei für sie eine Glückszahl ist, will sie die Geburtstagstorte mit nur drei Schnitten in acht gleich große Stücke schneiden. Grille ist skeptisch. Ob das geht?

Tipps !! und Tricks: !!!

Kennst du Langeweile? Wahrscheinlich nicht, denn du bist ja an so vielen Dingen interessiert. Wenn es aber doch mal langweilig wird, schalte das Radio ein und achte auf bestimmte Wörter, z.B. auf alle Wörter mit „ung" oder Wörter, die mit „Sch" anfangen oder die mit „r" enden.
Das ist ein gutes Training, um bei einem Gespräch alle Einzelheiten wirklich mitzubekommen. !!!

Lösung der Scherzfrage: 3 - 15 - 13 - 16 - 21 - 20 - 5 - 18

Witz:
„Silvester essen wir immer Forelle blau!" - „Wir essen auch immer Forelle, aber nüchtern!"

Scherzfrage:
Welcher Fisch ist höflich?

Zahlensalat

In diesem Zahlensalat sind 20 Tiere versteckt. Wie schnell findest du sie?

13567853267AFFE355322235566378997654322456656778874335667645 6

Übrigens: Addiere doch mal alle Zahlen, die eine Rundung haben.

Ferne Länder

Schau dir dieses Bild genau an. Wenn du dir alles gemerkt hast, klappe das Buch zu. Atme siebenmal ganz tief ein und aus und versuche dich dann zu erinnern.

Übrigens: Weißt du noch, welche Dinge zu den Zahlen von 1 – 10 gehören?

Rasen und rasen

Heute geht es um Wörter, die eine doppelte Bedeutung haben, je nachdem, ob man sie klein oder groß schreibt. Auf dem Rasen kannst du Ball spielen und mit dem Fahrrad kannst du rasen.

Welche gleichen Buchstaben sind hier jeweils weggelassen?

allen - allen
aken - aken
ocken - ocken
acken - acken
acken - acken
feifen - feifen
ocken - ocken
ropfen - ropfen

Clever, clever

Kennst du dich aus? Wo ist der Rote Platz? Wo liegt das Rote Meer
Was bezeichnet man mit dem Roten Hahn?

Geheimschrift:

D E R R O T E ....

□ □ □ □ □ □ □ □ □ □ □ □ □
□ □ □ □ □ □ □ □ □ □ □ □
□ □ □ □ □ □ □ □ □ □ □ □ □
□ □ □ □ □ □ □ □ □ □ □ □ □ □
□ □ □ □ □ □ □ □ □ □ □ □ □ □
□ □ □ □ □ □ □ □ □ □ □ □ □
□ □ □ □ □ □ □ □ □ □ □ □ □

Fallen dir noch mehr Wörter oder zusammengesetzte Begriffe ein, in denen die Farbe Rot vorkommt?

Schachmatt

Grille und Wanda spielen Schach. Grille ist am Zug, doch er erzählt stattdessen diese Geschichte: „Der Erfinder des Schachspiels, Ben Dahir, erbat von König Schiram zum Lohn die Menge Weizenkörner, die sich ergibt, wenn man auf das erste Feld eines Schachbretts ein Korn legt und die Anzahl der Körner auf jedem weiteren der insgesamt 64 Felder verdoppelt.
Warum konnte der König diesen einfachen Wunsch nicht erfüllen?"
Wanda kennt die Geschichte schon und lacht: „Weil,.........."

Tipps und Tricks:

Wenn du dir etwas gut merken möchtest, baue Eselsbrücken.
Benutze z.B. Merkverse: „Wer nämlich mit h schreibt ist dämlich."
Reime: 333 bei Issos Keilerei
Verwende Hilfssätze: „Mein Vater erklärt mir jeden Sonntag unsere neun Planeten."
(Jeder Anfangsbuchstabe ist gleichzeitig der Anfangsbuchstaben für einen Planeten und so entsteht die richtige Reihenfolge.)

Lösung der Scherzfrage: 2 - 21 - 5 - 3 - 11 - 12 - 9 - 14 - 7

Witz:
Jens kommt am ersten Schultag heim, wirft seine Schultüte in die Ecke und sagt schmollend: „Nie wieder gehe ich in die Schule. „Warum denn nicht?", fragt die Mutter erstaunt. „Weißt du, ich kann nicht schreiben und nicht lesen und die Lehrerin erlaubt uns nicht zu reden. Wozu soll ich dann überhaupt hingehen?"

Scherzfrage:
Aus welchen Gläsern kann man nicht trinken?

Punkte verbinden

Wie schnell verbindest du alle Punkte?
Stopp! Schaffst du es, ohne dass die Linien sich kreuzen?

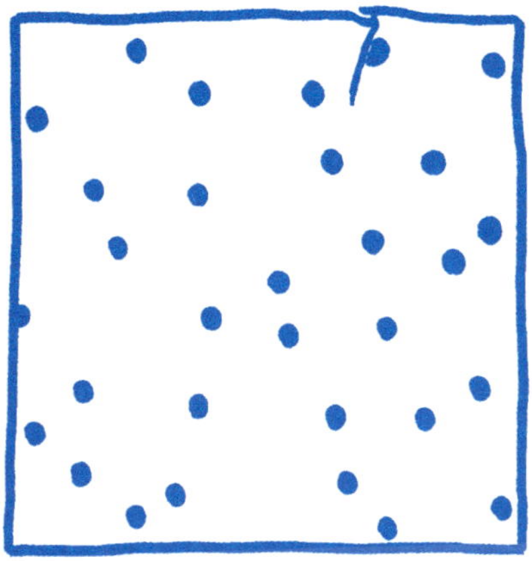

Versteckte Perlen:

In fast allen Wörtern sind die Buchstaben des Wortes P E R L E N versteckt.
Wie schnell kannst du die versteckten Buchstaben durchstreichen und die drei Außenseiter finden?

Polsterkissen – Ersatzpantoffeln – Pilzkundebücher – Pelzkragen – Springseile – Gartenpflanzen – Lampenschirme – Noppenpullover – Pinselreiniger – Pflastersteine – Kinderspiel – Spalierrosen – Prinzenrolle – Spiegelrahmen – Papiernelken – Blumentopferde – Pfeffermühlen – Puppenroller – Puppenkleider – Paradieskugeln – Plastikeimer – Parkplätze

Das alte Haus

Wanda erzählt das Märchen vom alten Haus:

„Es war einmal ein altes Haus in einem großen Garten. Durch eine bunte Wiese mit Apfelbäumen und Birnbäumen schlängelte sich ein ruhiger, kleiner Bach. Wenn man über den Bach sprang, kam man zu den rot und weiß blühende Heckenrosen und den Brombeersträuchern bald in einen dunklen, unheimlichen Wald. Vor dem alten Haus stand eine alte Eiche und in dem großen Schornstein vom alten Haus wohnten unzählige Fledermäuse. In dem alten Haus wohnte eine weißhaarige, alte Großmutter. Im Sommer saß sie oft auf einer himmelblauen Bank, streichelte ihren schwarzen Kater und schaute lächelnd den Kindern zu, die am Bach spielten, auf der Wiese Blumen pflückten oder auf die Apfelbäume kletterten. Im Winter, wenn es draußen eiskalt war und schneite, ..."

Wie könnte die Geschichte weitergehen?

Hirn im Zwölferpack

Gesucht werden mindestens zwölf Wörter, die wie das Wort Hirn die Buchstaben „ir" enthalten. Vor dem „ir" steht immer ein Konsonant und das „r" kommt jeweils nur einmal vor.

Wenn du keine zwölf Wörter gefunden hast, dann schau dir diesen Buchstabensalat genau an. Hier sind „ir" - Wörter versteckt.

fgfgfdcxxfaahbghirnemjhfddcvfbirnekijgfvdfdgestirnediuzhjhfdedd-hirtenliztgffrwirtemisewdadfdkirschencirruswolkenzirkelzwir-nirmesmirabellenpirnafirmamenthitgzfrfefgirlandeilkolokijiukin-hirseliredredsigfrfigbgspiralejölokiljhgquirltizuhnjbvxdfvirus

Clever, clever

Weißt du, woher der Ketschup kommt und woraus er gemacht wird? Wenn du es nicht weißt, dann rate doch mal!

Geheimschrift:

K ETSCHUP IST ....

□ □ □□□□□ □ □□□ □ □ □ □□ □□ □ □ □ □ □□
□□ □□□□ □ □ □ □□□□□. □ □ □□□ □ □ □
□□ □ □□□ □□ □□ □□□□ □ □ □ □□□□□□ □ □ □ □
□□□□ □□ □ □ □ □ □.

Einmalige Bausparkasse

Grille hat gehört, wie sein Vater zu seiner Mutter gesagt hat, dass er einen neuen Bausparvertrag abschließen will. Als er nun in der Zeitung liest, dass eine neue Bausparkasse, die auf sich aufmerksam machen will, einen Bausparvertrag über 247.695.138 Euro demjenigen vergibt, der zuerst herausfindet, warum diese Zahl einmalig ist, schneidet er den Artikel aus, schreibt die Lösung darauf und legt den Zeitungsausschnitt auf Papas Schreibtisch. Weißt du auch, warum diese Zahl einmalig ist?

Tipps und Tricks:

Wenn du dich beim Denken bewegst, fällt dir das Denken leichter. Steh' – wenn du am Schreibtisch sitzt – zwischendurch mal auf, mach ein paar Kniebeugen oder Liegestütze. Dann ist dein Gripscomputer wieder topp fit.

Lösung der Scherzfrage: 2 - 18 - 9 - 12 - 12 - 5 - 14 - 7 - 12 - 1 - 5 - 19 - 5 - 18

Witz:

In einem Restaurant: „Tut mir leid mein Dame", sagt der Ober zum Gast „ das Hähnchen ist gestrichen." „In welcher Farbe", fragt der Gast.

Scherzfrage:

Welches Fieber kann man nicht messen?

Stillleben

Wie schnell findest du die 10 Fehler, die sich hier eingeschlichen haben?

Die Höhle

Heute erzählt Wanda eine Schulgeschichte:

„Wir machten mit unserer Deutschlehrerin, eine Wanderung durch den Thüringer Wald. Als wir etwa zwei Stunden unterwegs waren, begann es wie aus Eimern zu regnen und wir waren im Nu plitschnass. Der Weg vor uns wurde immer schmaler und steiniger. Es ging steil bergan. Da entdeckten wir hinter einem vorspringenden Felsen den Eingang einer Höhle und atmeten zunächst erleichtert auf. Wir mussten uns bücken, um hineinzukommen. Die Wände der Höhle waren rauh und feucht, an einigen Stellen tropfte es von der Decke. Plötzlich hörten wir .... Wie geht es weiter?

Fremdwörterpuzzle

Bei diesem Fremdwörterpuzzle sind die Einzelteile durcheinandergeraten. Wie schnell kannst du die richtigen Wortteile der ersten, zweiten und dritten Spalte verbinden, damit sinnvolle zusammengesetzte Fremdwörter entstehen.

Com...........ni...............sion
Xy.............du..............tion
Ri...............di................ter
Pro.............pig...........seur
Mo.............lo..............delle
Cham..........ka.... non
Fri ....si.............tor
Re..............pu............zent
Tra.............gis............ko
Dis kus............fon

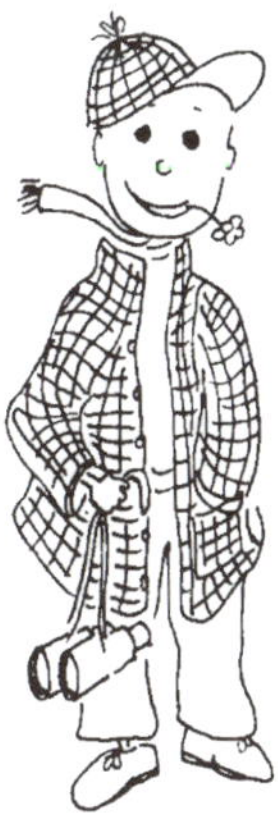

Clever, clever

Was glaubst du, seit wann essen die Menschen in Europa mit der Gabel? Übrigens, als kreativer Detektiv fallen dir sicher noch ein paar andere Verwendungsmöglichkeiten für die Gabel ein?

DIE GABEL .....
ΔΙΕ ΓΑΒΕΛ ΩΥΡΔΕ ΙΜ ΕΛΦΤΕΝ ϑΑΗΡΗΥΝΔΕΡΤ ΙΝ ΙΤΑ–ΛΙΕΝ ΕΡΦΥΝΔΕΝ

Unheimliches Radio

Wanda und Grille verfolgen im Radio ein Kriminalhörspiel. Im spannendsten Augenblick ist plötzlich über 1 Minute plötzlich Funkstille. Das Radio ist in Ordnung, der Strom ist nicht ausgefallen, das Programm wurde nicht unterbrochen und Wanda und Grille haben das Radio nicht berührt. Verstehst du das?

Tipps !! und Tricks: !!!

Kennst du 3 D Sehen? Durch 3 D Sehen beim Betrachten magi scher Bilder wird dein Gripscomputer ganz entspannt und unge mein leistungsfähig. Außerdem fühlst du dich anschließend pudelwohl, da beim 3 D Sehen sogenannte „Glücksstoffe“ im Gehirn ausgeschüttet werden. !!!

Lösung der Scherzfrage: 12 - 1 - 13 - 16 - 5 - 14 - 6 - 9 - 5 - 2 - 5 - 18

Witz:

In der Musikstunde: „Herr Notel, glauben Sie, dass ich mit meiner Stimme später mal etwas Richtiges anfangen kann?“ „Aber ja, Moni, ganz bestimmt, wenn einmal ein Feuer ausbricht.“

Scherzfrage:

Was braucht das Auto, was dem Pferd sehr lästig ist?

Labyrinth

Wie schnell kannst du mit einem Stift von der Mitte aus den Ausgang finden, ohne die Wege zu verlassen.

Äpfel und Bananen

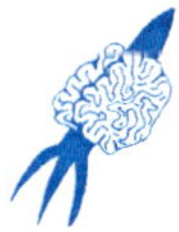

Hast du Fantasie? Schließe die Augen und stelle dir einen Korb mit Äpfel und Orangen vor. Riechst du den Duft der Äpfel? Nimm einen Apfel in die Hand, der auf einer Seite ganz rot leuchtet. Du denkst an Schneewittchen. So ein knackiger roter Apfel muss es gewesen sein, in den Schneewittchen hineingebissen hat. Du spürst die glatte, glänzende Schale und den abgebrochenen Stiel. Stell dir vor, wie du voller Appetit in diesen saftigen, süßen Apfel hineinbeißt. Als nächstes nimmst du eine Banane in die Hand. Die Schale ist schon teilweise braun und sehr weich. Du drückst ein wenig zu fest und spürst das glitschige Bananenmus an deinen Fingern. Schnell legst du die Banane weg und wäscht dir die Hände.

Im ke + In es

Bei den folgenden Wörtern fehlt jeweils ein „Im“ oder ein „In“.
Wie schnell kannst du die Wörter richtig ergänzen?

halt – dus – diz – formand – ker – dianer – pfung – dividuum – genieur – mobilien – dien – perfekt – stallateur – telligenz – spektor – strumente – munität – donesien

Clever, clever

Stell dir vor, du sollst ein Verbrechen aufklären, das während einer großen Jagd passiert ist.
Damit du im  Gespräch mit den Jägern nicht allzu dumm dastehst, teste dich einmal, ob du die Fachbegriffe der Jägersprache kennst. Was ist mit diesen Begriffen gemeint?

Schreibe 3 Wörter heraus, und bilde einen kleinen, lustigen Satz:

1. **Bache**
2. **Teller**
3. **Schwarzkittel**
4. **Fähe**
5. **Äser**
6. **Grandeln**
7. **Frischlinge**

Geheimschrift:

⬧♏♓♌●♓♍♒♏⬧ ⬧♓●▯ ⬧♍♒⬧♏♓■ □♒❒♏■ ▯ ♏⬧
⬧♓●▯ ♏⬧ ⬧♓●▯ ⬧♍♒⬧♏♓■ ⬧♏♓♌●♓♍♒♏❒
♐▯ ♍♒⬧ ▯ ♋▯ ● ▯ ♏⬧ ❒□⧫⬧♓●▯ ♏⬧
♏♍▯ ⌘▯ ♒■♏ ▯ ♏⬧ ❒□⧫⬧♓●▯ ♏⬧ ▯ ▯ ■♑▯
⧫♓♏❒♏ ▯ ♏⬧ ⬧♓●▯ ⬧♍♒⬧♏♓■⬧

Kostenfrage

Grille findet in seinem Detektivbuch eine Aufgabe, die er im Moment nicht lösen kann. Deshalb liest er sie Wanda vor: „Du stellst etwas her, das man in jedem Baumarkt erwerben kann. 1 verkaufst du für 9,- Euro und 30 für 18,- Euro. Welchen Betrag verlangst du für 305 und um was handelt es sich?"

Tipps !! und Tricks: !!!

Weißt du, dass bereits nach 3 Wochen Faulenzerferien dein Intelligenzquotient bis zu 30% sinkt? Kein Wunder also, wenn du dann in den ersten Schultagen Probleme mit dem Gedächtnis und dem Denken hast. Also: Wer viel denkt, denkt leichter! !!!

Lösung der Scherzfrage: 2 - 18 - 5 - 13 - 19 - 5 - 14

Witz:

Frau Kleinschmidt, die Klassenlehrerin in der 6a schimpft „Jetzt sage ich es euch zum letzten Mal. Es gibt keine größere und keine kleinere Hälfte." Niemand rührt sich. Alle sind still. Nach ein paar Minuten schimpft die Lehrerin weiter. Wenn ich euch so ansehe, dann wird mir klar, dass die größere Hälfte von euch das sowieso nicht versteht."

Scherzfrage:

Welche Schrift muss nur der Postbote lesen können?

Buchstabenforscher

Wie schnell findest du heraus, welche Buchstaben in allen Wörtern enthalten sind?

Tipp: Diese gemeinsamen Buchstaben ergeben ein Wort.

Beispiel: Laster, Stall, Schatz, Kasten, Taschen --- AST

1. **Raumschiff, Turmfalke, Frankfurt, Farmhaus, Laubfrosch**
2. **Wannenmodell, Namensschild, Mondlandung, Champagnerfeiern, Antennenmast**
3. **Dinslaken, Denkerstirn, Diskussion, Winkeladvokat, Windkraft Kleiderhaken**
4. **Tomatenauflauf, Monatslohn, Mondmann, Romanheld, Atomteilchen**
5. **Polarstern, Polstergarnitur, Osterspaziergang, Apfelmost, Autopapiere**

Versuche nun selbst Begriffe zu finden, in denen die Buchstaben der gefundenen Wörter vorkommen.

Flügelfantasie

Heute ist wieder einmal Fantasie und Kreativität gefragt.
Nimm einen Stift und male aus diesen Flügeln fantasievolle Bilder.

Taschentrick

Wenn du z.B. bei einem Referat keinen Stichwortzettel benutzen und gleichzeitig deine Mitschüler erstaunen willst, probiere mal den „Taschentrick“: ***Lege dir zunächst zu Hause ein paar kleine Gegenstände zurecht (Centstück, Radiergummi, Büroklammer, Murmel, Streichholz, Anspitzer, Wattebällchen, Ohrenstäbchen, usw. Nun nimmst du das Centstück in die Hand. Wie fühlt es sich an? Nimm dieses Gefühl ganz bewusst wahr und denke dabei an das erste Stichwort deines Referates. Verbinde in einem Gedankenbild das Stichwort mit dem Centstück. Wenn du es intensiv genug gemacht hast, muss beim Anfühlen des Centstückes sofort das entsprechende Stichwort auftauchen.***

Als nächstes fühlst du den Radiergummi und denkst an das zweite Stichwort deines Referates.

Wenn du also z.B. 8 Stichwörter hast, brauchst du 8 kleine Gegenstände, die du dann in die Hosentasche oder Rocktasche steckst. In der Schule brauchst du dann nur deine Hand in die Tasche stecken und die kleinen Gegenstände fühlen. Du bist ganz sicher und wirst nichts vergessen, ganz gleich wie aufgeregt du bist.

Schnallen und schnallen

Heute geht es noch einmal um Wörter, die eine doppelte Bedeutung haben, je nachdem, ob man sie klein oder groß schreibt. Wie viele Wörter dieser Art fallen dir in 3 Minuten ein?

Clever, clever

Du hast wahrscheinlich manchmal ein Tohuwabohu in deinem Zimmer. Weißt du auch was das Wort TOHUWABOHU bedeutet und wo dieser Begriff herkommt? Wenn du es nicht weißt, entziffere einfach diesen Text:

Geheimschrift:

T o h u w a b o h u ......

ΤΟΗΥΩΑΒΟΗΥ ΒΕΔΕΥΤΕΤ Ω⇐ΣΤ ΥΝΔ ΩΙΡΡ: ΕΣ ΙΣΤ ΕΙΝ ΗΕΒΡ⊗ΙΣΧΗΕΡ ΑΥΣΔΡΥΧΚ; ΔΕΡ ΙΝ ΔΕΡ ΒΙΒΕΛ ΙΜ ΒΥΧΗ ΜΟΣΕ ΖΥ ΦΙΝΔΕΝ ΙΣΤ

Ei, Ei, Ei

Heute stehen Wanda und Grille wieder einmal vor einem schwierigen Fall. Sie wollen beweisen, dass die 12 Eier im Kühlschrank von Oma Erna zum Teil roh und zum Teil hartgekocht sind.
Wie können sie das anstellen?

Tipps und Tricks:

Ideensammlung

Wenn du öfter mal eine gute Idee oder einen guten Gedanken hast, dann lasse sie nicht verloren gehen. Lege dir im Computer, in einer Kartei oder im Heft eine Ideensammlung an. Gefundene Ideen bringen neue Ideen hervor.

Lösung der Scherzfrage: 1 - 14 - 19 - 3 - 8 - 18 - 9 - 6 - 20

Witz:
Der Arzt sagt zum Skelett: „Sie kommen leider viel zu spät!“

Scherzfrage

Auf welchen Straßen ist noch kein Mensch gegangen?

Drachen über Land

Wie schnell findest du die 10 Fehler, die sich hier eingeschlichen haben?

Zweibein und Dreibein

Trainiere heute einmal deine Fantasie, indem du dir zu dieser Zweibeingeschichte einen kleinen Fantasiefilm drehst.

Ein Zweibein (Mensch) sitzt auf einem Vierbein (Stuhl) an einem Dreibein (dreibeiniger Tisch) und hält ein Einbein (Putenschenkel). Da kommt ein Vierbein (Hund) springt auf das Dreibein (Tisch) und schnappt dem Zweibein (Mensch) das Einbein (Putenschenkel) weg.

Siehst du die Geschichte wie auf einer Kinoleinwand vor dir? Wenn ja, dann drehe das Blatt um und schreibe die Reihenfolge der vorkommenden Beine auf. Kein Problem, oder?

Nackte Schnecke

Wenn du vor jeden dieser Begriffe ein Adjektiv stellst, erhältst du ein neues, sinnvolles Wort.
Beispiel: nackt und Schnecke = Nacktschnecke
Übrigens: Weißt du etwas über Nacktschnecken?

.... **+ Milch**
.... **+ Kraut**
.... **+ Netz**
.... **+ Läufer**
.... **+ Garage**
.... **+ Eis**
.... **+ Sicht**
.... **+ Sinn**
.... **+ Kammer**
.... **+ Licht**
.... **+ Specht**
.... **+ Reiher**

Clever, clever

Liebst du Pizza? Natürlich weißt du, dass die Italiener eine gute Pizza machen. Weißt du auch wo man diese Speisen isst? Schau dir die durcheinander geratenen Länder genau an, dann bekommst du es schnell heraus.

1. Smörrebröd
2. Nockerln
3. Paella

Geheimschrift:

□□ □□□ □□□ - □□□ □ □ □ □ □□ □ - □□ □□□ □ □

Auf Sand gebaut

Wanda ist heute beim Pizzabacken, als Grille plötzlich hereinschneit. Sie sagt: „Bevor du ein Stück von dieser leckeren Pizza bekommst, musst du erst ein kniffliges Problem lösen. Stell' dir vor, du willst eine Pizza genau nach Vorschrift 15 Minuten backen und deine Armbanduhr ist in Reparatur. In der Küche auf dem Regal stehen allerdings 2 Sanduhren. Die eine läuft 7 Minuten, die andere 11 Minuten.
Wie bleibt deine Pizza genau 15 Minuten im Ofen?"
Löst Grille das Problem und darf er Wandas köstliche Pizza probieren?

Tipps !! und Tricks: !!!

Wenn du stundenlang am Computer sitzt, solltest du zwischendurch deine Blicke immer wieder einmal in die Ferne schweifen lassen und aus dem Fenster schauen. Das ist Erholung pur für deine Augen und schenkt dir wieder neue Konzentration. !!!

Lösung der Scherzfrage: 13 - 9 - 12 - 3 - 8 - 19 - 20 - 18 - 1 - 0 - 5

Witz:
„Onkel Heini, tut dein Ohr noch weh?", fragt die kleine Erna. Onkel Heini schüttelt den Kopf. „Warum sollte ich denn Ohrenschmerzen haben?" – „Papa hat gesagt, er hätte dich wieder einmal übers Ohr gehauen."

Scherzfrage:

Was kommt einmal im Monat, zweimal im Moment und nie in zehntausend Jahren?

B-Zählung

Wie schnell zählst du alle „b“ und „B“ in den folgenden Sätzen?

Beate Bach

Beate bucht billigen Bildungsurlaub bei Bad Blankenburg. Beate besorgt ein Billet im Bahnhof und in der Bahnhofsbuchhandlung besondere Bildbände. Bei Bad Blankenburg besucht Beate Bildergalerien und Burgruinen. Beate betreibt barfuß besondere Bewegungsarten und bestaunt bunte Bergblumen. Beim Bürgermeisterbesuch wird Beate mit belegten Brötchen, Butterkuchen, Berliner und Bananenmilchshake bewirtet.

Übrigens: Erfinde doch mal eine Geschichte, in der möglichst viele Wörter mit „G“ anfangen.

Lasso und Leiter

Wie schnell merkst du dir die Dinge, die du auf diesem Bild entdeckst?

Komm und Ge(h)

Wenn du ein pfiffiger Detektiv bist, schaffst du es mühelos, die richtigen Buchstaben in die Lücken einzufügen.

Komm ..... dant, Komm ..... on, Komm. , Komm..e, Komm..e, Komm..sar, Komm..tar, Komm..do,
Ge...tine Ge...gie, Ge..rd, Ge...trie, Ger..ne

Die Lückenfüller sind hier ein wenig durcheinander geraten.
un olo a uni od pa is en lan an ome ma

Clever, clever

Wer war´s?
Er lebte von 1859 - 1930, studierte Medizin in Edinburgh und ließ in seiner Fantasie zwei weltberühmte Figuren entstehen, von denen die eine ein ganz berühmter Detektiv wurde.

Geheimschrift:
ΑΡΤΗΥΡ ΧΟΝΑΝ ΔΟΨΛΕ

Streichholzberührung

Schaffst du es, aus 6 Streichhölzern genau 4 gleichseitige Dreiecke zu bilden

Tipps und Tricks:

Wenn du stundenlang auf der Computertastatur herumklimperst und die Maus fest im Griff hast, solltest du zwischendurch deinen Händen eine kleine aktive Pause gönnen. Bewege deine Hände so, als wolltest du einen Hefeteig kneten. Mit dieser Übung werden deine Finger wieder locker, Stress wird abgebaut und vor allem: Dein Gripscomputer erhält mehr Sauerstoff. Du bist wieder topfit.

Lösung der Scherzfrage: 4 - 1 - 19 - 13

Witz:
Kurt zu seiner Freundin: „Stell dir vor, als ich gestern ins Lehrerzimmer kam, standen da zwei lebendige Lehrer ohne Kopf." – „Du willst mich auf den Arm nehmen", sagt Bianca. „Nein, wirklich!
Herr Bremsel und Herr Müllreich hatten ihren Kopf aus dem Fenster gestreckt."

Scherzfrage:
Welches Messer schneidet nicht?

Lückensätze

Zähle in diesen Sätzen so schnell wie möglich die Wörter, die jeweils zusammengehören, das heißt, die ähnlich geschrieben werden. Welche Summe erhältst du, wenn du die Zahlen addierst?
Beispiel: Meine Schwester **Josefine** arbeitet in der **Kantine** und spielt **Violine**. (3)

Alle Linien eines Zebrastreifens verlaufen parallel.
Malte malt Wale im Wald und trinkt dabei kalten Malventee.
Die Damen mit den seltsamen Namen kamen aus Hameln.
Die vier Vasen mit den Veilchen in Vaters Villa sind unversehrt und haben ein vorzeigbares Volumen.
Das Waisenkind Kai Kaiser aus Mainz hat ein Faible für Saiteninstrumente und träumt im Mai oft vom Baikalsee und der Taiga.
Der Chamäleonzüchter Christian spielt im Orchester in Manchester.
Im Oktober kostet der Lokomotivführer von der Schokolade aus Tokio.
Lisa schwimmt in der Isar und reist ohne Visa zum Turm von Pisa.
Nils und Clivia pinseln kiloschwere, mobile, lila Krokodile im Nil.

Punkt, Punkt, Komma, Strich,....

fertig ist das Mondgesicht. Was könntest du noch in einen Kreis hineinmalen oder um einen Kreis drumherummalen, um etwas Neues entstehen zu lassen. Du hast 15 Kreise. Was machst du damit?

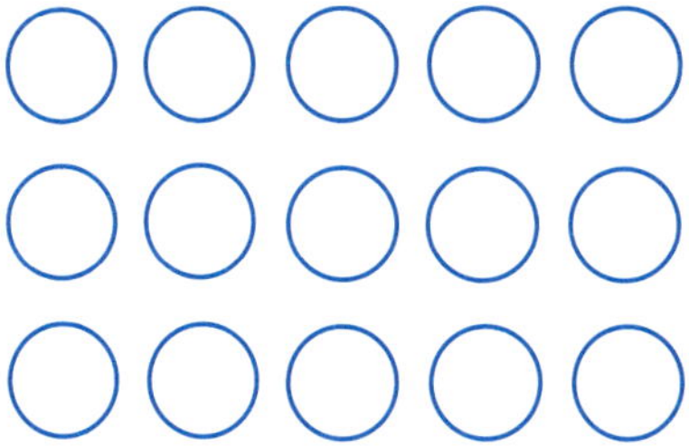

Zaunlos

Stell dir vor, dein Garten hat keinen Zaun. Es darf alles wachsen, das die Buchstaben des Wortes „Zaun" nicht enthält. Beispiel: Rose
Was kannst du in deinem Garten bewundern?

Clever, clever

Sicher interessierst du dich für geniale Entdeckungen und Erfindungen. Kennst du auch diese Erfinder. Teste dein Wissen. Was gehört zu wem? Tipp: Die Namen der Erfinder sind nur ein wenig durcheinandergeraten, die Anfangsbuchstaben stimmen.

1. **Lokomotive**
2. **Telefon**
3. **Blitzableiter**

Grogee Sonhenpets – J. Ph. Rsie und Axelnared Blel - Bamnijen Flinkran

Onkel Theo

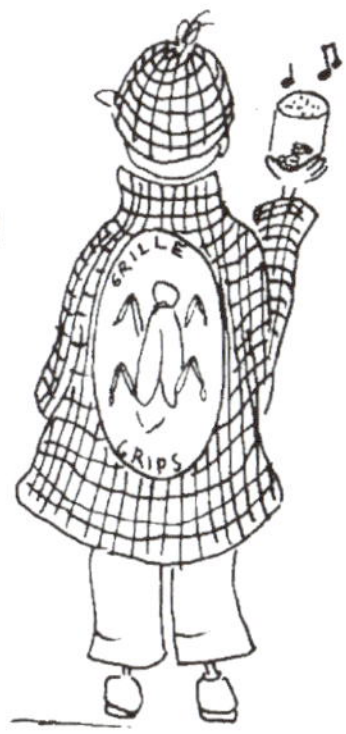

Onkel Theo liebt, ebenso wie Grille, knifflige Fälle. Heute hat er folgende Frage:
Ich bin dreimal so alt wie mein Sohn. Vor fünf Jahren war ich fünfmal so alt wie seine Zwillingsschwester.
Bekommst du heraus, wie alt Onkel Theo ist?

Tipps und Tricks:

Wenn du dir ein Tagebuch zulegst und jeden Tag wichtige Ereignisse und Gedanken darin aufschreibst, hast du sozusagen ein zweites Gedächtnis, das dir hilft, wenn dein Gripscomputer streikt. Außerdem trainierst du so wichtige Dinge bewusst wahr zunehmen, damit du sie später aufschreiben kannst.

Lösung der Scherzfrage: 6 - 9 - 5 - 2 - 5 - 18 - 13 - 5 - 19 - 19 - 5 - 18

Witz:

Der Lehrer rauft sich die Haare über Erwins falsche Antwort. „Wisst ihr, was Blue Jeans und Schulklassen gemeinsam haben?“ – Die Schüler schweigen und der Lehrer schreit: „An vielen Stellen sitzen Nieten!“

Scherzfrage

Warum sind Glatzköpfe friedlich?

Kuchen und Krone

Wie schnell findest du die 10 Fehler, die sich hier eingeschlichen haben?

Wenn du die Fehler gefunden hast, klappe das Buch zu, mache 5 Kniebeugen und versuche dich an möglichst viele Einzelheiten zu erinnern.

Coladosen

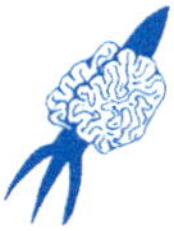

Stell dir vor, dein Freund hat alle leeren Coladosen, die er irgendwo entdeckt hat, gesammelt und nun ist der ganze Keller davon voll. Hast du ein paar Ideen, was man damit machen könnte?

Essbares „M"

Was ist essbar und fängt mit „M" an wie zum Beispiel Mandarine? Du hast zwei Minuten Zeit, deine Ideen mit der linken Hand aufzuschreiben.

Clever, clever

Bist du eine Leuchte? Wenn ja, dann findest du jetzt in 2 Minuten mindesten 7 leuchtende Dinge.

Geheimbund

Die 6 Teilnehmer des Geheimbundes „Große Eule" sitzen in alphabetischer Reihenfolge an einem sechseckigen Tisch.
Dany sitzt Maya gegenüber und Fridolin, der neben Dany sitzt, hat Renate gegenüber. Ingo sitzt neben Fridolin. Mit welchem Buchstaben beginnt der Name des Teilnehmers, der ihm gegenübersitzt?
Grille holt Stift und Papier und beginnt zu zeichnen. Löst er den Fall?

Tipps und Tricks:

Sing doch mal wieder. Das stärkt besonders die rechte Seite dei nes Gripscomputers, entspannt und erhöht somit deine Leistungsfähigkeit.

Lösung der Scherzfrage: 23 - 5 - 9 - 12 - 19 - 9 - 5 - 19 - 9 - 3 - 8 - 14 - 9 - 3 - 8 - 20 - 4 - 9 - 5 - 8 - 1 - 1 - 18 - 5 - 18 - 1 - 21 - 6 - 5 - 14 - 11 - 15 - 5 - 14 - 14 - 5 – 14

Witz:

„Wie komme ich am schnellsten ins Krankenhaus?", fragt ein frischgebackener Vater aufgeregt einen Passanten. „Gehen Sie bei Rot über die Ampel, dann werden Sie mit Blaulicht dorthin gefahren."

Scherzfrage:
Ist die Kartoffel eine Behörde?

Drachenspiel

Versuche mal dieses Kopfbild abzuzeichnen, ohne das Buch umzudrehen.

Dreiecksfantasie

Wenn du 10 Dreiecke malst, kannst du aus einem Dreieck vielleicht eine Eistüte malen. Hast du noch mehr Ideen?

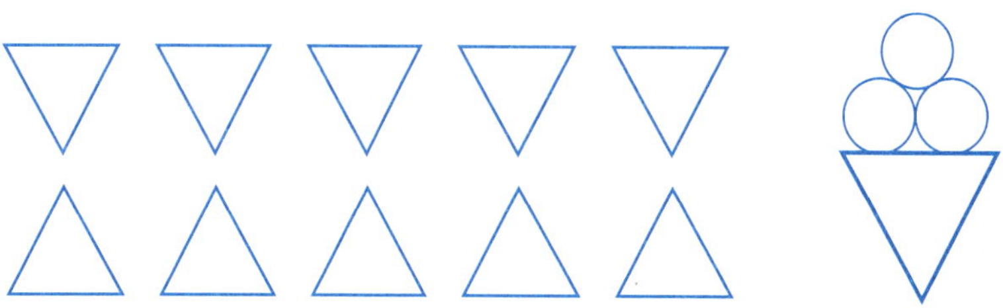

Kriminalgeschichte

Schätz mal, wie viele Wörter man aus den Buchstaben der „Kriminalgeschichte“ wie zum Beispiel „Algen oder Tische“ bilden kann. 10? 20? 30? Welche Wörter findest du?

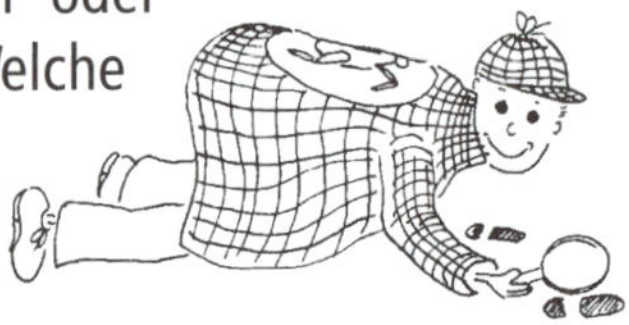

Clever, clever

Was glaubst du, wofür braucht man am Tag das meiste Wasser?

Geheimschrift:

□ □ □ □ □ □ □ □ □ □ □ □ □ □ □ □

Drei Geheimnisvolle

Wanda hat diese drei Wörter in der Zeitung gefunden und auf ein Blatt Papier geschrieben. Nun hält sie es Grille unter die Nase: Wie schnell findest du heraus, was die folgenden drei Wörter gemeinsam haben?

Immobilienkaufvertrag - Autoführerschein - Arbeitslosenunterstützung

Grille steht auf der Leitung. Er braucht genau 3 Minuten. Schaffst du es schneller?

Tipps !! und Tricks: !!!

Wenn du alle Sinne beim Merken von Infos einsetzt, behältst du sie besser und kannst dein gespeichertes Wissen später auch schneller wieder abrufen. !!!

Lösung der Scherzfrage: 10 - 1 - 19 - 9 - 5 - 9 - 19 - 20 - 5 - 9 - 14 - 12 - 1 - 14 - 4 - 7 - 5 - 18 - 9 - 3 - 8 - 20 - 21 - 14 - 4 - 5 - 9 - 14 - 19 - 1 - 4 - 20 - 7 - 5 - 18 - 9 - 3 - 8 - 20

Witz:

Lisa wohnt in einer sehr großen Stadt, im 7. Stock eines Hochhauses. In den Ferien macht sie mit ihren Eltern Urlaub auf dem Bauernhof. Lisa: „Mama, was sind das für Tiere?“ „Das sind Schweine, Lisa!“ „Und wie nennt man sie, wenn sie gewaschen sind?“

Scherzfrage:
Welcher Nagel rostet nicht?

Bushaltestelle

Wie schnell findest du die 10 Fehler, die sich hier eingeschlichen haben?

Fenster - Luftballon

Kannst du ganz schnell 8 kleine Geschichten erzählen, in denen jeweils vier bestimmte Wörter vorkommen? Versuche es mal:

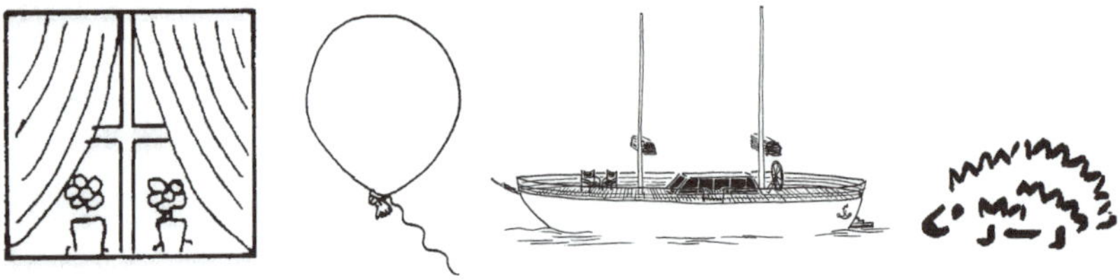

Fenster – Luftballon – Yacht - Igel
Taucherbrille – Sonnenhut – Rad - Ketschup
Zelt – Papier – Regen – Luftmatratze
Sand – Ball – Meer – Pirat – Leuchtturm
Bett – Burg – Eimer – Hahn – Polizei
Auto – Insel – Erdbeere – Geige
Schildkröte – Flugzeug – Fenster – Marionette
Schlange – Mikrofon – Schornstein – Uhr

Ein lachendes, viereckiges, weiches Haus

Was gibt es in einem Haus, das den Buchstaben „L" wie lachen enthält?
Was gibt es in einem Haus, das viereckig ist?
Was gibt es in einem Haus, das weich ist?

Clever, clever

1. Wer hat das erste motorbetriebene Flugzeug gebaut?
2. Wer trägt den teuersten Anzug der Welt?
3. Welches ist das teuerste Buch der Welt?
4. Wie teuer war der teuerste Teddy?

Geheimschrift:

□ □ □ □□ □ □□ □ □□□ □□□ □ □ □□□ □
□□ □ □ □□ □ □ □□ □ □ □ □ □□□□ □ □ □□ □□-
□□ □□ □ □□ □

Bücherwurm

Heute regnet es ununterbrochen und Wanda und Grille sitzen auf dem Teppich und erfinden Fragen. Im Augenblick suchen sie Begriffe, in denen ein Tier steckt, ohne dass ein Tier gemeint ist. Wanda fällt „Bücherwurm" ein und da hat Grille eine echte Detektivfrage:

Stell' dir vor, du besitzt ein dreibändiges Lexikon. Die Seiten jeden Bandes sind 60 mm dick, die Deckel jeweils 4 mm. Die Bände stehen der Reihe nach auf einem Bücherregal. Ein Bücherwurm beginnt sich nun von A - Z durch das Werk hindurchzufressen. Wie weit ist sein Weg?

Wanda zieht die Stirn in Falten und denkt angestrengt nach. Wie schnell findest du die Lösung?

Tipps !! und Tricks: !!!

Kennst du „Studentenfutter"? Das ist eine Mischung aus Nüssen und Rosinen. Vor allem Nüsse sind Nervennahrung und machen dich denkfit. Sie enthalten viele Vitamine und den Mineralstoff Magnesium. Also greif zu! !!!

Lösung der Scherzfrage: 6 - 9 – 14 – 7 – 5 – 18 – 14 – 1 – 7 – 5 – 12

Witz:
In der überfüllten U-Bahn tippt eine stehende alte Dame einem Jungen auf die Schulter: „Darf ich dir einen Stehplatz anbieten?"

Scherzfrage:
Welcher Apfel hat keine Kerne?

Zahlengeheimschrift

1 = T und D
2 = N
3 = M
4 = R
5 = F + V
6 = G, K, ck
7 = S
8 = C und CH
9 = P und B
0 = L

Wie schnell findest du heraus, was hinter diesen Zahlen steckt?

A 9 E 2 1 E U E 4 5 I 0 3
8 O 3 9 U 1 E 4 7 9 I E 0
3 I 1 1 E 4 2 A 8 1

Zahlenmethode

Wenn du dir schlecht Zahlen merken kannst, dann verwandle sie doch in Bilder. Du weißt ja, dass dein Gripscomputer Bilder geradezu verschlingt. Außerdem kannst du dieses Zahlenmerksystem auch als Geheimschrift mit einem speziellen Code benutzen. Zunächst erhalten die Ziffern 1 bis 9 und die Null die Bedeutung von Buchstaben und zwar von Konsonanten.

Jetzt kannst du Vokale hinzunehmen und Wörter bilden.
Die Vokale und die Buchstaben WHY und J sind Joker, die beliebig eingesetzt werden können.

1 = Tee
2 = Noah
3 = Oma
4 = Uhr
5 = Fee
6 = Kuh
7 = See
8 = ach
9 = Po
0 = Löwe

10 = Dohle / 11 = Tüte / 12 = Ton / 13 = Dom / 14 = Tür / 15 = Ufo / 16 = Tag / 17 = Dose / 18 = Tacho / 19 = Tube / 20 = Nil / 21 = Note ....

Hast du dir Zahlen, Buchstaben und Begriffe gut gemerkt, dann schreibe unter die folgenden Begriffe so schnell wie möglich die richtigen Zahlen – ohne abzugucken natürlich.

Fön - Tapete - Computer - Waschmaschine - Fernseher - Blumenwiese - Kugelschreiber - Schiffschaukel - Surfbrett - Detektivgeschichten

Schüler, Nägel und Streichhölzer

Wie schnell findest du heraus, was diese Wörter jeweils gemeinsam haben?

1. Schüler – Nägel – Streichhölzer
2. Kinder – Schlaf – Sport
3. Laden – Menschen – Gold

Clever, clever

Ein Detektiv muss genau zuhören und lesen können und sofort erkennen, was gemeint ist.

Mit dieser Aufgabe kannst du deine Spitzfindigkeit unter Beweis stellen. Wenn du um die Ecke denkst, erkennst du die Zweideutigkeit der Begriffe.

1. Was ist eine soeben fertiggestellte Tür?
2. Was ist die Erörterung eines Speiseplans?
3. Nenne eine andere Bezeichnung für Dotter

Geheimschrift:

□ □ □ □□ □ □□□□ □□□□□ □ □□ □ □ □□□ □□
□ □ □ □□□□□□ □□□ □ □□□ □ □ □

Fliesenkunst

Wandas Vater ist Künstler und hat manchmal komische Ideen. Heute hat er Fliesen für die quadratische Terrasse gekauft und zwar 24 weiße Fliesen, 4 rote, 4 blaue und 4 gelbe Fliesen. Zu Wanda sagt er: Schaffst du es, die bunten Fliesen so zu verteilen, dass in jeder Reihe nur 2 bunte Fliesen auftauchen (auch senkrecht und diagonal). Wanda nimmt 4 rote Fliesen und schiebt sie hin und her.

Tipps und Tricks:

Ein Superdetektiv nutzt seine Stunde. Die beste Zeit, sich viele Dinge zu merken, ist die Stunde von 15 Uhr bis 16 Uhr am Nachmittag. Das Langzeitgedächtnis ist dann am aktivsten.

Lösung der Scherzfrage: 16 - 6 - 5 - 18 - 4 - 5 - 1 - 16 - 6 - 5 - 12

Witz:

Waldemar und Kevin fahren das erste Mal alleine mit dem Zug. Im Abteil sitzt ihnen ein alter Herr gegenüber. Die beiden kauen unentwegt Kaugummi. Langsam beugt sich der alte Herr nach vorn und sagt: „Jungs, es ist zwecklos, ständig auf mich einzureden. Ich bin schwerhörig.“

Scherzfrage

Was ist ein Chirurg?

Die Möwe Johnathan

Wie schnell kannst du diesen Text lesen und alle „a" und „o" zählen?

diemöwejonathaneswarmorgenunddieneuesonneflimmer-tegoldenüberdemwellengekräusederstillenseevoneinemfi-scherbooteinemeilebvorderküstewurdendienetzeausgeworfen-tausendevonseemöwenflitztenhinundherundbalgten-sichkreischendumeinpaarbrockeneinneuertagvollergeschäftigkei-thattebegonnen

(aus „Die Möwe Johnathan" von Richard Bach)

Nimm jetzt einen Rotstift und spiele Lehrer. Wie viele Fehler entdeckst du?

Hexe + Nixe

Schau dir diese Gegenstände genau an. Wenn du dir alles gemerkt hast, klappe das Buch zu. Atme siebenmal ganz tief ein und aus und erinnere dich an möglichst viele Einzelheiten.

Zwei = Eins

Grille hat diese Aufgabe in einer Zeitung seines Vaters gefunden und ist begeistert, weil er in rekordverdächtig kurzer Zeit die Lösungen gefunden hat. Wie schnell schaffst du es?

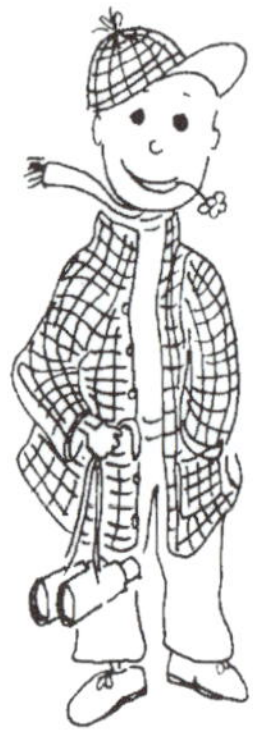

Reinigungstuch + feige Person = Waschlappen
Gewichtsmesser + Sternbild =
Himmelskörper + Zeitschriftname =
Komponist + Gewässer =
Schachfigur + Herrscher =
Blume + Gewürz =
Donauzufluss + Niederschlag =

Geheimschrift:
ΩΑΣΧΗΛΑΠΠΕΝ ΩΑΑΓΕ ΣΤΕΡΝ ΒΑΧΗ
Κ√ΝΙΓ ΝΕΛΚΕ ΡΕΓΕΝ

Clever, clever

1. Welches ist das größte Tier der Erde?
2. Welches Tier hat das größte Auge?
3. Wie nennt man die Larven des Maikäfers?

BLAUWAL RIESENKRAKE ENGERLINGE

Strickleiter

Grille und Wanda schlendern durch den Hafen und schauen sich die Schiffe an.
Eine Strickleiter hängt an einer Seite des Schiffes. Sie hat einen Sprossenabstand von 20 cm. Genau 7 Sprossen sind jetzt über der Wasseroberfläche zu sehen.
Grille meint: Was glaubst du, wieviel Sprossen sind zu sehen, wenn die Flut um 1,8 m gestiegen ist?
Wanda weiß die Antwort, du auch?

Tipps !! und Tricks: !!!

Mach mal Pause! Ich meine beim Lernen! Wenn du in einer Lernpause eine Kleinigkeit isst, dann freut sich dein Gedächtnis. !!!

Lösung der Scherzfrage: 5 - 9 - 14 - 1 - 21 - 6 - 19 - 3 - 8 - 14 - 4 - 9 - 4 - 5 - 18

Witz:

Papa geht mit Moritz ins Kino. Nach einer Weile fragt Moritz: „Sitzt du gut?“ – „Ja“ – „Ist dein Sessel wirklich bequem?“ „Ja, sehr!“ – „Wollen wir nicht tauschen?“

Scherzfrage:

Welche Köpfe sind leer am meisten wert?

Drachensteigen

Wie schnell findest du heraus, wer welchen Drachen steigen lässt. Verfolge die Linien zunächst nur mit den Augen. Wenn du die Drachenbesitzer kennst, nimm einen Stift und zeichne so schnell du kannst, die Linien in unterschiedlichen Farben nach, ohne abzurutschen.

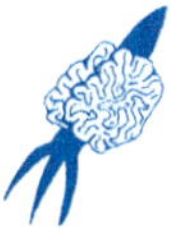

Zeitungsspiel

Heute ist wieder einmal Fantasie gefragt. Was könntest du mit einer oder mehreren Zeitungen machen, außer sie lesen?

Krimizeit

Hier siehst du 6 Bilder, die zu einem Krimi gehören. Schreib doch mal eine spannende Geschichte, zu der diese Bilder passen.

Vielseitiges Innenleben

Was glaubst du, wie viele neue Wörter kann man aus den Buchstaben des Wortes **COMPUTER** bilden? Schätz doch mal. Mir fällt spontan ein:
Po, Mut, ...

Hast du Lust, es jetzt mit etwas längeren Wörtern zu probieren? Besonders genial ist natürlich, wenn du Wörter mit mehr als 4 Buchstaben findest.

Computerpraktikanten ______________________

Clever, clever

Kannst du mindestens 3 Krimiserien im Fernsehen und die jeweiligen Kommissare nennen?

Rätselhafter Mord?

Grille hat eine Kriminalgeschichte erfunden und Wanda soll nun den Fall lösen.

„Eine Frau liegt tot auf dem Boden. Ein Gewehr, aus dem nur ein Schuss abgegeben worden ist, liegt neben ihr. Die Frau ist aber nicht erschossen worden und es sind auch keine Verletzungen feststellbar. Wie ist die Frau ums Leben gekommen?"

Tipps !! und Tricks: !!!

Computermüdigkeit

Wenn du nach vielen Stunden am Computer sehr müde Augen hast, probiere diesen Trick:

Reibe die Handflächen kräftig gegeneinander und lege dann die Hände schnell über die geöffneten Augen. Dreimal wiederholt und deine Augen leuchten wieder. !!!

Lösung der Scherzfrage: 14 - 15 - 20 - 5 - 14 - 11 - 15 - 5 - 16 - 6 - 5

Witz:

Fritzchen fragt den Lehrer: „Herr Lehrer, wie sagt man Postbote ohne o?" – „Was soll das Fritzchen? Das kann man gar nicht aussprechen." – „Doch Herr Lehrer, das ist einfach ein Briefträger."

Scherzfrage:
Welcher Bus hat den Ozean überquert?

Chaos

Schreibe über alle Wörter, die mit „Ch" beginnen eine 1, die das „ch" mittendrin haben eine 2 und über alle Wörter, die mit „C" beginnen eine 3. Addiere die Zahlen so schnell wie möglich. Welche Summe erhältst du?

Christa, Sachsen, Cafe, Camenbert, Chronik, Achse, Camping, Echse, Chor, Chrom, Dachs, Wachs, Curry, Creme, Cousin, Fuchs, Christ, Cowboy, Couch, Lachs, Chlorophyll, Cholera, Chamäleon, Wechsel, Ochse, Copyright, Computer, Charakter, Chrysanthemen, Clown , Cockpit, Clou. Clique, Cocktail, Currywurst, Croissant, Cornflakes, Coladose, Cordhose

Nasenmalerei

Hier siehst du einige gemalte Nasen. Wie kreativ bist du? Kannst du ganz schnell ein paar Bilder daraus zaubern?

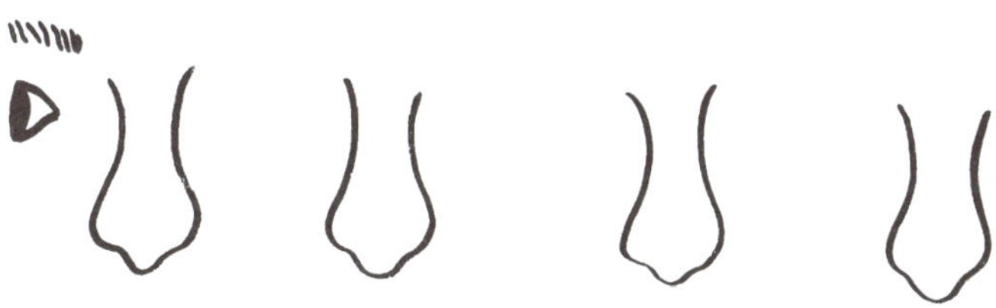

Roboter und Roller

Schau dir dieses Bild ganz genau an und versuche dir möglichst viele Einzelheiten einzuprägen.

Wenn du glaubst, du könntest alles mit geschlossenen Augen malen, klappe das Buch zu und rechne 12 x 13 + 236 – 67. Schreibe dann auf, an was du dich noch erinnerst.

Clown und Currywurst

Erfinde mindestens drei lustige Sätze, in denen möglichst viele Wörter mit „C“ vorkommen.
Beispiel: Der Clown Charly isst mit seiner Clique Currywurst.

Clever, clever

Weißt du, was gemeint ist, wenn dein Freund von „Katzenmist“ oder „Bärendreck“ spricht?

Geheimschrift:

Seltsames Treffen

Grilles Vater erzählt folgende Geschichte:
„Zwei Freundinnen treffen sich nach vielen Jahren zufällig wieder, sprechen jedoch kein Wort miteinander. Sie hatten sich nicht gestritten, es gibt kein Sprechverbot und sie sind auch nicht taubstumm.

Grille, kannst du dir vorstellen, warum die beiden Freundinnen nicht miteinander sprechen?" Grille braucht einige Zeit bis er die Lösung findet.

Tipps !! und Tricks: !!!

Wer clever ist, achtet darauf, dass der Gripscomputer immer das richtige Futter erhält. So wie ein Auto nur gut fährt, wenn es den richtigen Treibstoff und genug Öl bekommt, so will dein Kopf, um cool und konzentriert arbeiten zu können, viel Obst, Gemüse, Salate, ausreichend Milch, Joghurt und Quark, Fisch, Vollkornbrot und Müsli. !!!

Lösung der Scherzfrage: 1 - 9 - 18 - 2 - 21 - 19

☺ ☺

Witz:

Die 10b sitzt im Zug nach Berlin. Dem viel zu klein geratenen Julian wird es langweilig. Er steht auf und müht sich vergeblich mit der Notbremse ab. Thorsten, das Muskelpaket der Klasse, steht auf, zieht die Notbremse und sagt verächtlich: Muckies müsstest du haben!" – Kurze Zeit später kommt der Schaffner ins Abteil, um 100 Euro Strafe zu kassieren. Der kleine Julian schaut den starken Thorsten von unten an und grinst: „Grips müsstest du haben!"

☺ ☺

Scherzfrage:

Wie kann man zehn von zehn abziehen und noch zehn übrig behalten?

27. Tag

Labyrinth

Versuche so schnell wie möglich vom Start nach A zu gelangen, ohne einen Stift zu Hilfe zu nehmen.

Die unheimliche Burg

Grille hat sich eine Gruselgeschichte ausgedacht:

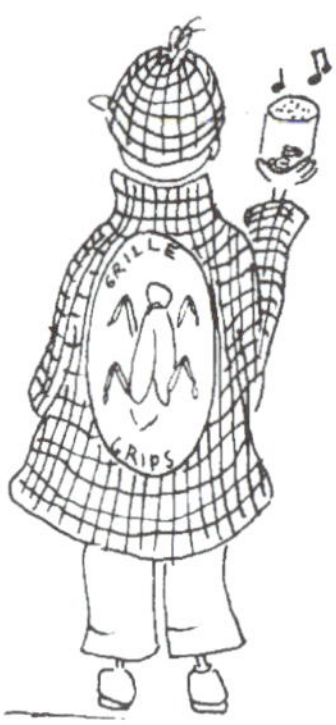

Alexander ist bei seiner Tante Elisabeth in Ferien. Das Haus von Tante Elisabeth liegt im Spessart und Alexander, der mitten in Köln, in einem vierstöckigen Haus an einer sehr belebten Straße wohnt, genießt nun das tägliche Herumstromern im Wald.

Am vorletzten Ferientag läuft er ganz tief in den Wald hinein und als er heimgehen will, kommt er an eine Wegkreuzung und weiß nicht mehr, welchen Weg er gehen muss. Er hat sich verirrt. Es ist früher Abend und Tante Elisabeth wird sicher schon warten. Alexander schaut zum Himmel, um zu gucken, wo die Sonne steht, doch der Himmel bewölkt sich immer mehr. Alexander ist ratlos. Schließlich entscheidet er sich für den breitesten Weg

und rennt los. Der Weg wird immer schmaler und plötzlich steht er vor einer uralten, ziemlich verfallenen Burg. Das Tor knarrt, als Alexander die eiserne Klinke herunterdrückt. Als er neugierig hineinschaut, bleibt er wie angewurzelt stehen und reißt die Augen auf. Er sieht......

Wie geht es weiter?

Stadtspaziergang

Merke dir die Stationen deines Stadtspaziergangs, indem du in Gedanken einen kleinen Film drehst.

Rathaus – Parkplatz – Kaufhaus – Bushaltestelle – Park – Schloss - Ententeich – Brücke – Spielplatz – Kirche – Post – Kreuzung – Sparkasse – Fabrikschornstein

Versteckspiel

Heute kannst du deine Wahrnehmung beim Lesen der folgenden Wörter trainieren. In allen Wörtern sind Namen, Städte, Pflanzen oder Tiere versteckt. Wie schnell findest zu sie?

Blumentopferde – Sommernacht – Knabbernüsse – Chromosom – Schlagertitel – Dachanstrich – Sternstunde – Kuchenteller – Eigenschaft – Karomuster – Schulmedizin – Startknopf – Palisaden – Lingen – Kaffee

Fallen dir noch mehr Wörter ein, in denen Namen, Tiere oder Pflanzen versteckt sind?

Clever, clever

Was weißt du über Kara Ben Nemsi und Hadschi Haleff Omar?

Geheimschrift:

Diese Figuren ...

Διεσε Φιγυρεν ηατ Καρλ Μαψ ερσχηαφφεν, δεμ διε Ωελτ Ωιννετου ϖερδανκτ.

Wasservolumen

Es ist heute sehr warm und sonnig. Grille und Wanda beschließen, im See zu baden. Als Grille ein paar Runden geschwommen ist, hat er einen neuen Fall entwickelt und gelöst Zu Wanda sagt er:

Stell' dir vor, dieser See hätte keinen Zu- und keinen Abfluss. Wie könnte man ganz schnell feststellen, wieviel Wasser der See enthält?

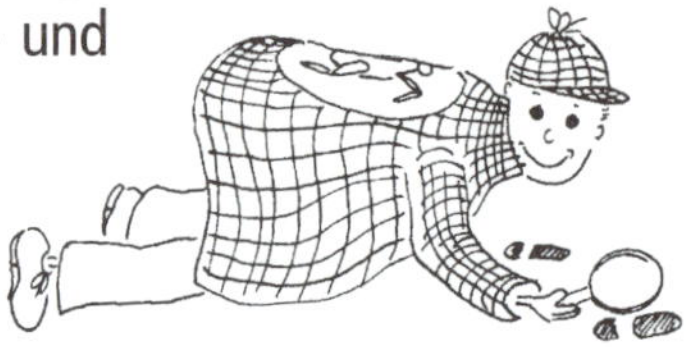

Tipps !! und Tricks: !!!

Melodien unterstützen dein Gedächtnis. Dir ist sicher schon aufgefallen, dass du viel leichter einige Strophen singen kannst als ein Gedicht aufsagen. Das liegt daran, dass beim Lied die Melodie und der Text sich gegenseitig unterstützen. Auch Reime sind wie eine Melodie und dein Gripscomputer hat ein leichtes Spiel. Wenn du dir also schnell eine wichtige Regel einprägen willst, dann singe sie doch mal als würdest du z.B. deinen Lieblingssong trällern. !!!

Lösung der Scherzfrage: 23 - 5 - 14 - 14 - 4 - 21 - 4 - 5 - 9 - 14 - 5 - 8 - 1 - 14 - 4 - 19 - 3 - 8 - 21 - 8 - 5 - 1 - 21 - 19 - 26 - 9 - 5 - 8 - 19 - 20

Witz:

Patrick wirft sich in die Brust und prahlt: „Ich bin so stark wie ein Stier, weil ich soviel Fleisch esse!" – Uwe erwidert trocken: „Das kann gar nicht sein. Ich esse unheimlich viel Fisch und kann trotzdem nicht schwimmen."

Scherzfrage:

Welche Mauer ist nicht aus Stein?

28. Tag

Versteck – Allerlei

Welche Wörter sind in diesen Begriffen versteckt? Du hast 2 Minuten Zeit, alle versteckten Wörter zu finden.

Ingenieur – Elektrotechnik – Astronaut – Transport – Dokumente – Blauschimmel – Demokratie – Mannequin – Bonbon – Automaten – Risotto – Kanalisation – Videokassette – Gymnasiast – Tourismus – Organisation – Europa – Pastete – Kontakte – Marionette – Couchgarnitur – Damenschuh

1. Welche Wörter enthalten nur den Vokal „e" („o")
2. Welche Wörter enden mit einem Vokal?

Vierecksfantasie

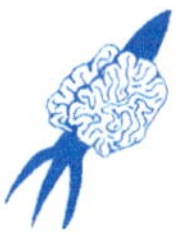

Wie schnell zauberst du aus diesen Vierecken fantasievolle Bilder?

ABC – Gedächtnis von A – L

Versuche dir diese Dinge von A – L so gut zu merken als wolltest du sie später malen.

Auto – Ballon – Computer – Düsenflugzeug – Erdbeere – Fenster – Geige – Harfe – Insel – Johannisbeere – Klavier – Löwenzahn

Klappe das Buch zu und rechne: 56 x 12 : 2 + 348 = ...
An welche Dinge erinnerst du dich noch?

Pinguin + Kuli

Was haben ein Pinguin und ein Kuli gemeinsam?

Beide Wörter enthalten nur die Vokale „i" und „u"

Fallen dir in 1 Minute noch 3 Wörter mit dieser Gemeinsamkeit ein?
Übrigens: Was ist schwarz-weiß wie ein Pinguin?

Clever, clever

Weißt du, was Elefantenläuse sind?

Geheimschrift:

E S G I B T ...

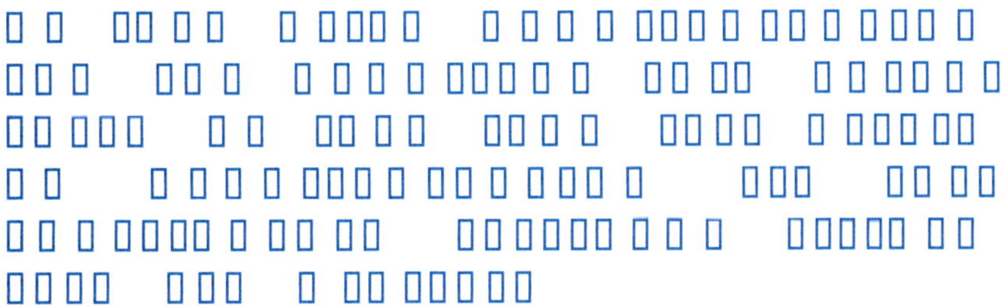

Stromausfall

Wandas Onkel Theo zieht sich gerade um. Er will mit Tante Mia ins Theater gehen. Als er gerade seine Socken aus der Schublade nehmen will, fällt der Strom aus. Da in der Schublade lauter einzelne schwarze und blaue Socken durcheinander liegen, ist er erstmal ratlos. Dann zieht er jedoch energisch die Schublade auf und.......
Ja, was meinst du, wie findet Onkel Theo im Dunklen seine schwarzen Socken?

Tipps und Tricks:

Vertreibe den Fehlerteufel mit Fantasie

Du hast dir heute zu jedem Buchstaben des Alphabetes ein Bild vorgestellt. Wenn du demnächst unsicher bist, wie ein Wort geschrieben wird, dann stell dir vor, du schreibst das Wort ganz groß an eine Tafel und statt des schwierigen Buchstabens malst du das entsprechende Bild. Wenn du das ganz deutlich sehen kannst, wirst du nie wieder vergessen, wie du dieses Wort schreiben musst.

Beispiel Schokolade mit „k" wie Klavier. In deiner Fantasie sind die weißen Tasten des Klaviers total mit Schokolade beschmiert.

Lösung der Scherzfrage: 4 - 9 - 5 - 19 - 1 - 12 - 12 - 13 - 1 - 21 - 5 - 18

Witz:

Heribert fragt den Chemielehrer: „Wissen Sie, was der Unterschied zwischen einem Chemiker und einer Hebamme ist?" Der Lehrer schüttelt bedauernd den Kopf. – „Der Chemiker sagt H2O und die Hebamme sagt OH 2!"

Scherzfrage:

Wer hat 21 Augen und sieht doch nichts?

Zahlenwirrwarr

Wie schnell findest du in diesem Zahlenwirrwarr die Zahlen heraus, die keine Rundung besitzen?

Addiere sie möglichst schnell. Zeit läuft!

32456876544532124645552421234456678909986453222222445112
23455597565432345678896453344566788785567764211115788954
67889777342341114565435789909565643231478957453

ABC – Gedächtnis von M – Z

Wie schnell merkst du dir diese Begriffe von M – Z so gut, dass du sie auch morgen noch weißt?

Marionette – Nadel – Ohr – Po – Qualm – Ring – Schildkröte – Tennisschläger – Uhr – Vogelscheuche – Wasserhahn – Xylophon – Yacht – Zigarette

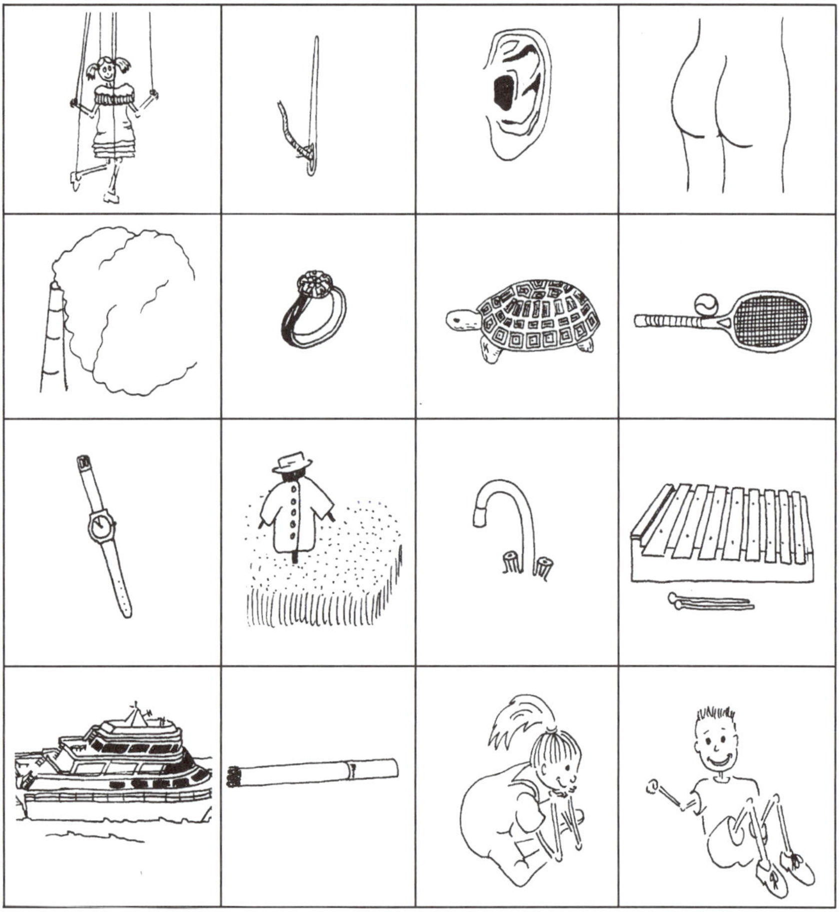

Tauschgeschäft

Wenn du bei diesen Wörtern jeweils die Buchstaben vertauschst, entstehen neue Wörter. (Nicht mogeln! Keine Buchstaben hinzufügen oder weglassen)
Beispiel: SAMEN = Mensa

Sueden
Garten
Renate
Sirene
Burgen
Reifen
Fahne
Schale
Chilene
Alter
Sahne

Clever, clever

Weißt du, wer Galileo Galilei war?
Wenn du diesen Mann nicht kennst, fallen dir sicher ein paar berühmte Leute ein, deren Name mit G beginnt, oder?

Geheimschrift:

G A L I L E O G A L I L E I
♑ □ □ □ □ □ □ ♑ □ □ □ □ □ □
□ □ □ ♋□ □ □ □ □ □ □ □ □ □
□ □ □ □ □ □ □ □ □ □ □ □ □ □ □
□ □ □ □ □ □ □ □ □ □ □ □ □ □ □ □
□ □ □ □ □ □ □ □ □ □ □ □ □ □ □
□ □ □ □ □ □ □ □ □ □ □ □ □ □ □
□ □ □ □ □ □ □ □ □ □ □

Lichtlösung

Im Keller der Großeltern hat Grille eine Petroleumlampe gefunden und schon entwickelt er einen neuen spannenden Fall: Ein Dieb hat sein Diebesgut in den Kellerräumen einer alten, nicht mehr bewohnten Villa versteckt. Als er eines Nachts gegen 2 Uhr, es regnet in Strömen, ins Haus schleicht, um einen Teil seiner Beute zu holen, fällt er die Kellertreppe hinunter und die Birne seiner Taschenlampe zerspringt. Er steht im Dunkeln. In seiner linken Hosentasche findet er eine Streichholzschachtel mit drei Streichhölzern. Beim Aufleuchten des ersten Streichholzes, entdeckt er auf einem Schrank eine Petroleumlampe. Als er sie jedoch anzünden will, stellt er fest, dass der Docht nicht mehr in das Petroleum hineinreicht.
Um 2.15 fährt ein Taxi an der Villa vorbei. Der Fahrer wundert sich über das Licht im Keller der verfallenen Villa Kunterbunt und alarmiert die Polizei.

Tipps !! und Tricks: !!!

Bitte nicht stören!
Wenn du ungestört sein willst, um über einen schwierigen Fall nachzudenken, solltest du ein solches Schild an die Tür hängen. Auch die kleinste Unterbrechung beim Denken ist eine Störung. !!!

Lösung der Scherzfrage: 4 - 5 - 18 - 23 - 21 - 5 - 18 - 6 - 5 - 12

Witz:
In der Biologiestunde fragt Mäxchen seine Lehrerin: „Wissen Sie, warum ein Tausendfüßler Schwierigkeiten beim Autofahren hat?" Die Lehrerin lacht: „Weil ein Tausendfüßler nicht weiß, mit welchem Fuß er Gas geben soll."

30. Tag

Scherzfrage:
Was kann man mit Worten nicht ausdrücken?

Verschlüsselte SMS

Erinnerst du dich noch an die Zahlenmerkmethode? Die Ziffern von 0 – 9 hatten eine ganz besondere Buchstabenbedeutung.

**0 = L – 1 = T – 2 = N – 3 = M – 4 = R – 5 = F und V – 6 = X – 7 = S
8 = C und CH – 9 = P und B**

Wie schnell entzifferst du diese SMS:

3o4*e2 ü9e45ä001 *e4 5e494e8e4 3i1 7ei2e4 94au1 i2 *ie 9°2* a3
9i73a48*90^1*

Rucksack

Wenn du deinen Rucksack für einen Ausflug in die Berge packst, solltest du an einige Sachen denken, die im ersten Augenblick überflüssig erscheinen, sich später jedoch als sehr nützlich erweisen können. Hier die Liste, merke sie dir gut:

- ein vielseitiges Taschenmesser
- eine Taschenlampe
- Pflaster und Jod
- ein Dosenöffner
- ein Päckchen Streichhölzer
- ein Päckchen Watte
- eine Mullbinde
- eine Schere
- Sonnencreme
- 2 Handtücher
- Wäsche zum Wechseln

Verdrehte Musikinstrumente

Wie schnell findest du heraus, um welche Musikinstrumente es sich handelt?

Bsas ____________________

Remltom ____________________

Valekir ____________________

Schrabet ____________________

Damruhmkannio ____________________

Lecol ____________________

Petertom ____________________

Neokordak ____________________

Warnhold ____________________

Leinovi ____________________

Asopnue ____________________

Bomleac ____________________

Teeolf ____________________

Togtaf ____________________

Igege ____________________

Rahef ____________________

Xonophas ____________________

Clever, clever

Was glaubst du, seit wann schneuzen die Deutschen in ein Taschentuch?

A B C D E F G H I J K L M

N O P R S T U V W Y Z

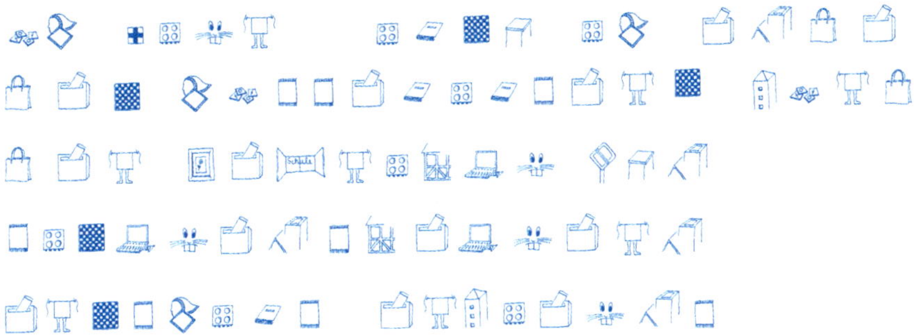

Geheime Telefonnummer

Grille hat zu Weihnachten ein eigenes Telefon bekommen, mit einer Geheimnummer, wie es sich für einen Detektiv gehört. Als Wanda ihn um die Nummer bittet, schreibt er ihr einen Satz auf einen Zettel: **Nur neue Zeitschriften sind vielfach noch nicht verteilt.**

Was soll das bedeuten?

Tipps und Tricks:

Denke laut, wenn du ein Problem lösen willst. Stell dir die Situation genau vor.

Lösung der Scherzfrage: 5 - 9 - 14 - 5 - 14 - 19 - 23 - 1 - 13 - 13

Witz:

Herr Weber stellt am Anfang jeder Erdkundestunde eine Scherzfrage. Heute lautet sie: „Wer ist in der Lage, von Dresden bis Hamburg zu kommen, ohne sein Bett zu verlassen?“ Carolin weiß die Antwort: „Die Elbe“.

Scherzfrage:
Was ist, wenn der Briefträger in den Schnee fällt?

Froschkonzert

Wie schnell findest du die 10 Fehler, die sich hier eingeschlichen haben?

Komischer Einkauf

Stell dir vor, du sollst für deine Großmutter im Supermarkt einkaufen. Da du immer angibst, was für ein tolles Gedächtnis du hast, kannst du jetzt natürlich nichts aufschreiben.

Orangen – Mayonnaise – Spaghetti – Ketschup – Mehl – Vanilleeis – Möhren

Du hast eine Idee:

Du stellst dir vor, du stehst vor dem Spiegel und hast auf dem Kopf lauter Orangen. Deine Augenbrauen und dein Mund sind mit Mayonnaise beschmiert. Um den Hals hast du einen Schal aus weichgekochten Spaghetti, dein T-Shirt ist mit Ketschup bekleckert, deine Hose ist total mit Mehl bestäubt, auf deinem linken Fuß steht eine große Packung Vanilleeis und o Schreck, deine Zehen haben sich in Möhren verwandelt.

Ich bin sicher, du wirst nichts vergessen!

OTTO – Otto – Otto

Der Name Otto fängt mit „O" wie Opa an und hört auch mit „O" wie Oslo auf.
Welche Wörter kennst du noch, die mit dem gleichen Buchstaben anfangen und aufhören?

Clever, clever

Was sind die Vogesen? Rate mal.

a) **ganz bestimmte Vogeleier?**
b) **Vulkane?**
c) **Gebirge?**

Schlauberger

Wanda erzählt Grille von ihrer Schule in der kleinen Stadt Bärenfels und vom Besuch des Schulrats. Der Schulrat war sehr erstaunt. Auf seine Fragen meldeten sich immer alle Schüler und jeder Schüler, den der Lehrer aufrief, gab eine richtige Anwort. Das konnte doch nicht sein oder doch?

Tipps und Tricks:

Fehlersammlung

Lege dir in Deutsch und Englisch eine Fehlersammlung an, wenn du magst im Computer. Notiere dir die falsch geschriebenen Wörter, dann kannst du viel gezielter üben und sparst viel Zeit.

Lösung der Scherzfrage: 23 - 9 - 14 - 20 - 5 - 18

Witz:

Max geht mit seiner Mutter zum Arzt. Marcel: „Heute möchte ich einmal ganz gründlich untersucht werden." Arzt: „Ja, natürlich. Wo fehlt es dir denn?" Max: „Sag ich nicht, Herr Doktor. Das müssen Sie schon selbst herausbekommen."

32. Tag

Scherzfrage:

In welchen Kleidern geht die Sonne unter?

PICK und Nick

Hier ist wieder einmal einiges durcheinander geraten. Wie schnell kannst du die richtigen Wortteile einander zuordnen?

Pick .... stock	Krück .... wecker
Lack .... stück	Rück............. deckung
Speck .... nick	Rücken......... sack
Ruck........... rock	Locken .... hecke
Glocken..... blick	Wicken .... wickler

32.

1. Wie viele „ck" zählst du?
2. Wie viele Substantive erkennst du?
3. Wie viele Wörter mit „i" entdeckst du?

Ball + Vogelscheuche

Schau dir diese Gegenstände so gut an, dass du dich auch morgen noch an viele Einzelheiten erinnerst.

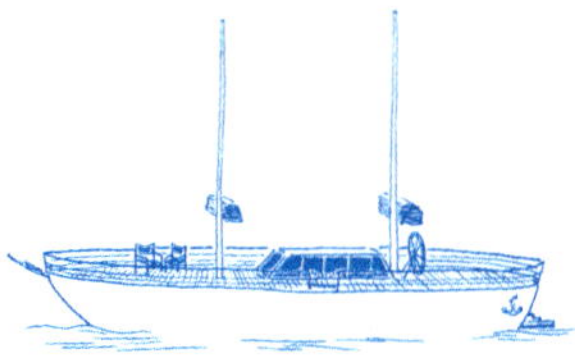

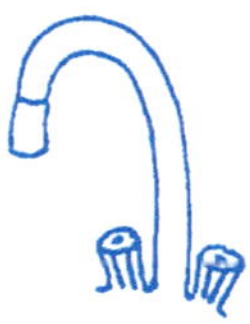

Klappe das Buch zu, rechne 12 x 12 x 3 + 84 und schreibe die Dinge auf, die du dir gemerkt hast.

Laserexperimente

Schätz zunächst einmal, wie viele Wörter sich aus den Buchstaben des Wortes **„Laserexperimente"** bilden lassen. Dann probiere es aus. Mir fällt spontan ein: Ente, Reisen, Leim, ...

Versuche es nun auch noch mit dem Begriff **Internet Explorer.**

Clever, clever

Richtig oder falsch?

a) Fliegende Fische können über 300 m fliegen.

b) Es gibt Fische, bei denen die Augen nur auf einer Seite sitzen.

c) Bei den Seepferdchen bringt der Mann das Junge zur Welt.

Geheimschrift

❑♓♍♒♦♓♑ ❑♓♍♒♦♓♑ ❑♓♍♒♦♓♑

Fahrstuhlproblem

In der Zeitung steht: Der Gangster wohnte im 26. Stockwerk eines Hochhauses. Jeden Morgen fuhr er mit dem Fahrstuhl ins Erdgeschoss und jeden Abend fuhr er bis zum 15. Stockwerk und ging dann zu Fuß. Wer diesen Fall aufklären kann, erhält 1000,- Euro Belohnung.

Grille und Wanda besprechen den Fall und sind sich nach kurzer Zeit einig. Der Gangster war................

Tipps !! und Tricks: !!!

Wenn du ein guter Detektiv sein willst, dann verschaffe dir immer erst einmal einen Überblick! !!!

Lösung der Scherzfrage: 9 - 14 - 23 - 5 - 19 - 20 - 5 - 14

Witz:
In der Technikstunde fragt der Lehrer: „Was ist das, was das Flugzeug vorne und das Schiff hinten hat?“ – Langes Schweigen, dann meldet sich die schüchterne Eva: „Das F Herr Lehrer!“

Scherzfrage:
Wie heißt der kälteste Vogel?

Detektiv und Schokolade

Wie schnell kannst du diese Wörter in die richtigen Lücken einsetzen?

Detektiv, Schokolade, Krokusse, Akeleien, krank, Akropolis, Dekoration, Kakteen, Haken, Onkel, Ekel, Elektronik, Anoraks, Kakao, Akazie, Krokodile, Pauker, Karikatur, aktuelle, Paket, Plastik, Bettlaken, Optiker, Politiker

Der ...., der nur das .... genannt wurde, fand bei .... Doktor Buko nur ein .... mit ....
Während draußen die .... blühten, trank der .... Kakao und studierte die aktuelle Liste der Bücher im Belletristikbereich. Dabei fand er in der Technikerzeitschrift eine .... aus der Zeit, als er noch .... war.
Mark liebte .... und interessierte sich in der Deutschstunde sehr für die .... des Computers.
.... Kurt hatte als .... eine Fensterbank voller .... aus .... und ein Foto der ....
Der Gärtner war .... und konnte seine Beete mit blau blühenden .... und die Erde um seine .... nicht haken.
Katharina kaufte kostbare .... und bunte .... mit Kamelen.

Nimm jetzt einen Farbstift und kreise alle kleinen „k“ ein und zähle sie.

Buchstabenfantasie

Was kannst du aus diesen Buchstaben zaubern?

C T D

N

S

H

Glücksschwein und Co

Schau dir diese Bilder genau an und erfinde eine kleine Geschichte, in der diese Dinge vorkommen.

Decke die Seite zu und rechne: 7x 5 x 4 x 3 x 2 =

Schreibe jetzt mit der linken Hand alle Dinge auf, an die du dich noch erinnerst.

Suppenwürfel und Co

Wie schnell findest du mindestens 7 zusammengesetzte Wörter, in denen ein Würfel, eine Kugel oder irgendein anderer geometrischer Begriff steckt?
Beispiel: Suppenwürfel

Tipp: Geometrische Begriffe: Punkt, Linie, Kreis, Winkel, Zylinder, Kugel

Clever, clever

Bist du ein echter Pferdekenner?
Woran kann ein Fachmann erkennen, wie alt ein Pferd ist?

Geheimschrift:

Luftverschmutzung

Der Chef der Firma „Wachsam" will seinen neuen Angestellten testen, ob er clever ist. Herr „Wachsam" gibt Herrn Lupo ein Glas mit luftdicht schließendem Deckel und schickt ihn ins Zentrum der nächsten Großstadt, um eine Luftprobe zu holen. Wie wird Herr Lupo das Problem lösen? Grille hat eine Idee.

Tipps und Tricks:

Merkposter

Du hast wahrscheinlich ein oder sogar mehrere Poster an der Wand hängen? Wenn du dir ohne Stress viele Fakten merken willst, dann mache dir doch immer wieder mal ein Merkposter mit Skizzen und kleinen Zeichnungen. Dein Gripscomputer wird es dir danken.

Lösung der Scherzfrage: 5 - 9 - 19 - 22 - 15 - 7 - 5 - 12

Witz:

Auf dem Elternsprechtag sagt Lehrer Zweistein zu Fritzchens Mutter: „Ihr Sohn hat eine unheimliche Fantasie!" Die Mutter strahlt: „Das ist ja wunderbar!" Herr Zweistein zieht seine Mundwinkel nach unten und ergänzt: „Fritzchen hat jedoch nur eine wunderbare Fantasie, wenn es um Ausreden geht, warum er wieder einmal zu spät zur Schule kommt."

Scherzfrage:

Warum kann das Fernsehen niemals die Zeitung ersetzen?

Vokalmarathon

Wie schnell findest du die Wörter, die alle 5 Vokale a, e, i, o, u enthalten?

Rosinenauflauf – Weihnachtsmann – Sommerurlaub – Radreisetour – Immobilienkaufvertrag – Schulaufsichtsamt – Arbeitslosenunterstützung Reihenfolge – Toilettenspiegel – Eiskunstlauf – Ostindienlandung – Hochzeitsaufgebot – Autoführerschein – Dressurreitsport – Wortspielaufgabe

Nixenteich

Schau dir dieses Bild genau an und merke dir möglichst viele Einzelheiten.
Decke die Seite zu und rechne: 8 x 9 – 7 x 2 + 3 x 5 =
Schreibe jetzt mit der linken Hand alle Dinge auf, an die du dich noch erinnerst.

Blinde Passagiere

Diese Fremdwörter enthalten jeweils Buchstaben, die nicht dazugehören. Streiche die falschen Buchstaben so schnell wie möglich durch. Tipp: Wenn du alle falschen Buchstaben hintereinander liest, ergibt sich ein Satz.

Konsumument Inspeksiteur Lokalisakation Transpalirenz Vetescherinär Rokomenko Proporschention Parilietät Konverbensation Kondisintion Jaloufosie Initinieative Gastroornomie Couchesrage Avertersion

Schreibe die Fremdwörter mit der linken Hand richtig ab und versuche eine deutsche Erklärung zu ergänzen.

Clever, clever

Kann ein Ei im Wasser schweben?

Geheimschrift:

φα ειν ει καvv ιμ ωασσερ σχηωεβεν σιεηε λ ϸσυνγστειλ

Gleich und doch nicht gleich

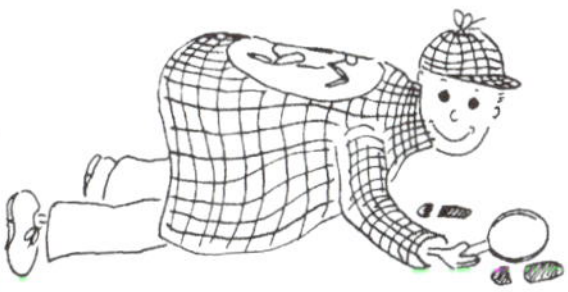

Heute stellt sich Grille wieder einem kniffligen Problem: Zwei Gegenstände haben die gleiche Funktion. Während der eine Gegenstand jedoch eine Menge beweglicher Teile aufweist, hat der andere Gegenstand nicht ein einziges bewegliches Teil. Wovon ist hier die Rede? Tipp: Die Gegenstände haben mit der Zeit zu tun.

Tipps und Tricks:

Hast du schon für wichtige Infos und Termine eine Pinnwand in deinem Zimmer? Wenn nicht, dann besorge dir gleich eine. Du kannst auch ein quadratisches Stück Pappe bunt anmalen oder bekleben und dann selbstklebende Zettel benutzen.

Lösung der Scherzfrage: 9 - 14 - 4 - 1 - 19 - 6 - 5 - 18 - 14 - 19 - 5 - 8 - 5 - 14 - 11 - 1 - 14 - 14 - 13 - 1 - 14 - 14 - 9 - 3 - 8 - 20 - 19 - 5 - 9 - 14 - 23 - 9 - 3 - 11 - 5 - 12 - 14

Witz:
„Hier ist Schwester Elisabeth vom Kreiskrankenhaus." „Oh, entschuldigen Sie bitte, ich bin falsch verbunden!" Schwester Elisabeth: „Da müssen sie schon selbst herkommen und es dem Doktor Müller zeigen."

Scherzfrage:
Kennst du eine gefährliche Hose?

Yoga und Pyramiden

Grille und Wanda sitzen in ihrem Baumhaus und sprechen über ägyptische Pyramiden. Plötzlich hat Wanda eine Idee. Sie nimmt einen Zettel und schreibt lauter Wörter auf, die ein „y" enthalten. „Grille, wie schnell kannst du alle ‚y' unterstreichen und gleichzeitig zählen?"

Baby, Rowdy, Pyjama, Typ, Lady, Zylinder, Cowboy, Hygiene, Foyer, Thymian, Sympathie, Gymnasium, Symbol, Dynamo, Idyll, Hypnose, Synthese, Rhythmus, Hydraulik, Kybernetik, Symmetrie, Zyklus, Yoga, Pyramide, Hyazinthe, Lymphe, Hymne, Gymnastik, Chrysanthemen, Dynastie, Synagoge, Tyrann, Xylophon, Hypothese, Glycerin, Hyäne, Dynamit.

„Wanda jetzt bist du dran: Wie schnell zählst du die Buchstaben, die **vor** allen „y" stehen?"

Pyramiden

Merke dir möglichst viele Einzelheiten. Dann klappe das Buch zu, rechne 34 x 5 x 2 und zähle auf, an was du dich erinnerst.

Vier-Sterne ✳ ✳ ✳ ✳

Bei diesem Vier-Sterne-Spiel kannst du vor jeweils vier Wortresten den gleichen Buchstaben setzen.
Wie schnell findest du alle fehlenden Buchstaben? Zeit läuft

***ariante - *ater - *itamine - *era**
***ouch - *ello - *lique - *ollege**
***iano - *lastik - *lural - *uder**
***ound - *kandal - *erum - *and**
***yklus - *ebra - *ement - *oo**
***ama - *ose - *okal - *uxus**
***adio - *egion - *anch - *adar**
***oast - *arif - *axi - *alent**
***iveau - *omade - *ull - *ixe**
***risur - *riteuse - *undament - *abrik**

Clever, clever

Was weißt du über Pyramiden?

Geheimschrift:

ΠΨΡΑΜΙΔΕΝ ΣΙΝΔ ΔΙΕ γΡΑΒΜ⊗ΛΕΡ ΔΕΡ πΗΑΡΑΟΝΕΝ; ΔΕΝ ⊗ΓΨΠΤΙΣΧΗΕΝ Κ√ΝΙΓΕΝ

Bestseller

Wieder einmal eine Aufgabe aus Grilles Detektivbuch. Es geht um einen Bestseller ganz besonderer Art. Die erste Auflage des Buches war verhältnismäßig dünn und hatte überwiegend reiche Leser. Heute besitzen sehr viele Menschen dieses Buch und lesen oft darin. Es ist jedoch nicht im Buchhandel erhältlich und in keiner Leihbibliothek zu finden. Um welches Buch es sich handelt?

Tipps und Tricks:

Vermehre deinen Schatz, ich meine deinen Wortschatz, damit du dich jederzeit klar und deutlich ausdrücken kannst.

- Lese viel!
- Suche oft in Texten versteckte Wörter!
- Spiele oft Teekesselraten!
- Suche oft Wörter mit bestimmten Buchstaben!

Lösung der Scherzfrage: 23 - 9 - 14 - 4 - 8 - 15 - 19 - 5

Witz:

„Du solltest dich schämen, Marcel", sagt die Lehrerin. „Als ich so alt war wie du, habe ich niemals gelogen." – „Und wann haben Sie damit angefangen, Frau Kleinschmidt?"

Scherzfrage:
Kennst du ein dreisilbiges Wort mit 26 Buchstaben?

Buchstabendurcheinander

Wie schnell findest du die Buchstaben in alphabetischer Reihenfolge?

Hut + Hund

Schau dir dieses Bild genau an und merke dir möglichst viele Einzelheiten. Wenn du glaubst, du hast dir alles gemerkt, klappe das Buch zu und schreibe mit der linken Hand auf, an was du dich erinnerst.

Pärchen gesucht

Suche jeweils ein passendes Wort mit dem gleichen Anfangsbuchstaben, damit ein Pärchen entsteht.
Dieses Pärchen kann sich an die Hand nehmen und ein sinnvolles zusammengesetztes Wort ergeben.
Beispiel: Sand + Sack = Sandsack
Wie schnell schaffst du das?

Haupt ______________________

Dach ______________________

Feind ______________________

Film ______________________

Gala ______________________

Grünkohl ______________________

Luft ______________________

Mal ______________________

Mond ______________________

Sonnen ______________________

Taschen ______________________

Ufo ______________________

Knie ______________________

Fenster ______________________

Clever, clever

Weißt du, mit welcher Flüssigkeit man schreiben muss, um eine Geheimbotschaft verschicken zu können?

Geheimschrift:

E I N E   O P T I M A L E ....

Verfolgungsjagd

Stell dir vor, wir wollen eine Gangsterbande verfolgen, verlieren sie aber aus den Augen. Plötzlich erhalten wir eine **SMS: Gruben – Rotdorn – Palme – Fahne –Dame**

Weißt du, welchen Weg die Gangster nehmen?

Tipps !! und Tricks: !!!

Beachte deinen „Lerntick"!

Lernst du deine Vokabeln gerne auf dem Teppich, in einem kuscheligen Sessel oder vielleicht auf dem stillen Örtchen, anstatt am Schreibtisch? Wenn du in den Augen deiner Mitmenschen so einen kleinen „Lerntick" hast, dann lasse die anderen nur lachen. Du weißt ja bereits, dass du an einem bestimmten Ort, in einer guten Atmosphäre besser lernen kannst. Wissenschaftler können das erklären und geben dir Recht. Je wohler du dich beim Lernen fühlst, desto aktiver und schneller ist dein Kopfcomputer. Also pflege deinen „Lerntick". Wichtig ist, dass du mit möglichst wenig Aufwand, möglichst gute Noten schreibst. !!!

Lösung der Scherzfrage: 4 - 1 - 19 - 1 - 12 - 16 - 8 - 1 - 2 - 5 - 20

Witz:

Der Religionslehrer fragt: Weiß jemand, welchem Papst wir unseren Kalender verdanken?" Elvira ruft erstaunt: „Vom Papst? Wir haben unseren Kalender aus der Apotheke."

Scherzfrage:
Was ist das: Wenn man es braucht und hat es nicht sofort, braucht man es nie mehr?

Speckkarpfen und Makkaroni

Diese Wörter enthalten alle „kk“. Unterstreiche ganz schnell die Wörter, die nicht zusammengesetzt sind.

Plastikkakteen, Sackkarren, Makkaroni, Druckknopf, Mokka, Dickkopf, Schirokko, Blickkontakt, Rockkonzert, Akkordeon, Elektronikkabel, Batikkunst, Dreckkasten, Trickkiste, Akkusativ, Speckkarpfen, Kioskkundschaft, Stickkordel, Kalkkanne, Bankkonto, Schrankkoffer, Rechteckkante, Klinikkosten

1. Wie viele „kk“ kommen vor?
2. Wie viele „ckk“ kommen vor?
3. Wie viele Vokale kommen vor?

Fünferpack

Grille und Wanda versuchen eine kleine lustige Geschichte zu erzählen, in der jeweils 5 Wörter vorkommen. Welche Geschichte fällt dir zu diesen Wörtern ein? Vorsicht: Die Reihenfolge der Wörter muss beibehalten werden.

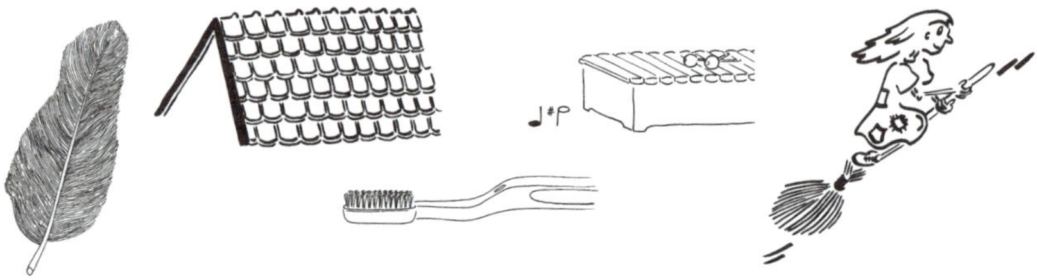

Feder – Dach – Zahnbürste – Xylofon – Hexe

Baby – Koffer – Frosch – Luftballon - Fenster
Auto – Wolle – Tafel – Stiefel – Clown
Hase - Dach – Hammer – Feder – Delfin

Einsame Insel

Stell dir vor, du landest auf einer einsamen Insel weit, weit im Meer. Du entdeckst eine Hütte, und in dieser Hütte steht eine große Truhe. Als du es endlich schaffst, den schweren, verstaubten Deckel hochzuheben, siehst du in der Truhe lauter volle Apfelsaftflaschen (aus Glas). Was kannst du als kreativer Detektiv damit anfangen?

Falsche Beine

Du hast zwei Beine und die tragen ihren Namen zu Recht. Es gibt aber einige Begriffe, in denen ein Bein steckt, das mit deinen Beinen nicht zu vergleichen ist. Fällt dir was ein?

Clever, clever

Was ist ein Poncho?

Geheimschrift:

Der Poncho ...

ΔΕΡ ΠΟΝΧΗΟ ΙΣΤ ΥΡΣΠΡ⇐ΝΓΤΛΙΧΗ
ΕΙΝ ΙΝΔΙΑΝΙΣΧΗΕΣ
ΚΛΕΙΔΥΝΓΣΣΤ⇐ΧΚ

Weihnachtsgeschenk

Wenn Grille zu seiner Mutter sagt: „Frag du doch mal die Tochter meines Vaters, was sie der Tochter seines Vaters zu Weihnachten schenkt" dann will da wer wem etwas schenken?

Tipps und Tricks:

Überlege mal, ob du dir Dinge besser merken kannst, wenn du sie anfassen kannst, sie siehst oder wenn du die Wörter hörst. Verstehst du eine Mathematikaufgabe besser, wenn sie dir jemand erklärt oder wenn du dich mit einem Freund darüber unterhältst? Helfen dir Bilder und Skizzen beim Lernen oder eher Formeln? Jeder Mensch lernt anders, und es gibt ganz viele unterschiedliche Lerntypen. Es ist wichtig, dass du erkennst, was für dich am besten ist.

Lösung der Scherzfrage: 6 - 1 - 12 - 12 - 19 - 3 - 8 - 9 - 18 - 13

Witz:
Frau Brösel, die Deutschlehrerin fragt Susi: „Sag mal, wie alt ist dein Vater eigentlich?" – „Oh, mein Vater hat schon graue Haare. Er ist genauso alt wie der Papa meiner Mama." – „Gut, dass ich das jetzt weiß", sagt die Lehrerin. „Ab sofort werde ich dir Hausaufgaben aufgeben, die mehr seinem Alter entsprechen."

Scherzfrage:
Welcher Hut passt auf keinen Kopf?

Zeigt her eure Füße!

Wie schnell findest du heraus, welche Füße hier zusammengehören? Beschrifte sie mit den gleichen Zahlen.

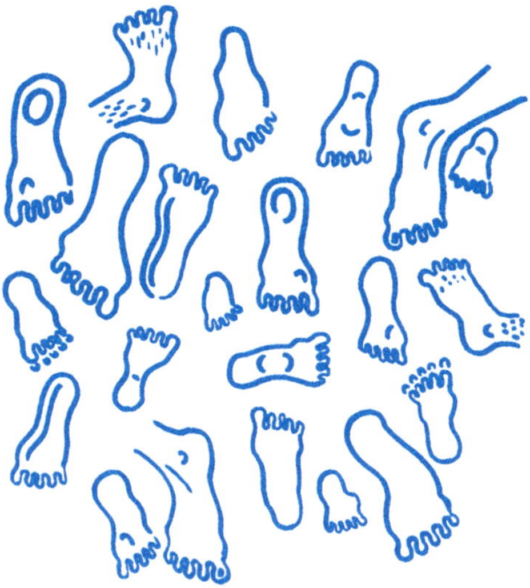

Waldspaziergang

Lies diese Geschichte langsam durch und merke dir möglichst viele Einzelheiten.

*Am **Sonntag** haben meine Eltern, meine Brüder Phillip und Max und meine große Schwester Lena und ich einen interessanten Waldspaziergang gemacht. Zunächst war der Weg breit und geschottert. **Buchen** und **Eichen** standen weit auseinander. Die Sonnenstrahlen konnten durch das **Blätterdach** hindurchscheinen und den **buschigen Farn** und die dunkelgrünen **Mooskissen** wärmen. Langsam wurde der Weg immer schmaler und holpriger. Auf einem riesigen **Ameisenhaufen** war ein reges Treiben. Der **Förster** hatte einen kleinmaschigen **Drahtzaun** um den Ameisenhügel gespannt, damit niemand den Ameisenstaat durcheinander bringt. Ich musste aufpassen, dass ich nicht über knorrige **Baumwurzeln** stolperte. Ein Eichhörnchen mit einem buschigen schwarzen Schwanz hüpfte von Ast zu Ast. Das Rot eines Fliegenpilzes leuch-*

tete mir entgegen. Mein Vater, der sich mit Vogelstimmen gut auskennt, lauschte auf das Gezwitscher, während meine Mutter mit einem Korb und einem Taschenmesser ausgerüstet, immer wieder zwischen den Bäumen verschwand und Pilze sammelte.
Fünf Maronen und einen Steinpilz hatte sie schon gefunden, als sie plötzlich stehenblieb und ....

Wie könnte diese Geschichte weitergehen?

Kahn – Bahn – Hahn

Diese Wörter werden alle mit „h" geschrieben. Es fehlen hier jedoch nicht nur alle „h", sondern auch die Vokale davor. Wie schnell kannst du die Lücken richtig füllen?

Beispiel: K..n H..n B..n St..l "ah"

St..l - K.. - R..e - Sch..e

..r - K..le - W..nung - S..le

W..ler F..re - ..re

M..n S..n B..ne

L..rer ..re H..ler S..er

W..l F..rt N..t Z..n

Clever, clever

Richtig oder falsch?
a) Der Einsiedlerkrebs verbringt sein Leben immer an der gleichen Stelle.
b) Muscheln sind blind.
c) Seeigel können laufen.
d) Die Seeanemone ist eine Wasserpflanze.
e) Bei Seesternen wachsen neue Arme.

♐♋●⬧♍♒ ♐♋●⬧♍♒ ❑♓♍♒♒📪
⧫♓♑ ♐♋●⬧♍♒ ❑♓♍♒♒⧫♓♑

Buchgeschichte

Grille beobachtet wie ein Mann einer Frau hinter einem Zahltisch ein Buch übergibt. Der Mann muss neun Mark bezahlen, nimmt das Buch aber nicht mit. Die Frau hinter dem Zahltisch sieht, wie der Mann hinausgeht, ruft ihn aber nicht zurück. Warum nicht?

Tipps und Tricks:

Vergessen kann man verschlafen!

Leg dein Buch am Abend unter dein Kopfkissen und du weißt morgen eine Menge. Lachst du jetzt über diesen Satz? Das funktioniert natürlich nur, wenn du vorher in das Buch hineingeschaut und mit Verstand darin gelesen hast. Wenn du vor dem Schlafengehen z.B. ein Gedicht oder Vokabeln wiederholst (nicht neu lernst), dann hat dein Gehirn Ruhe und Zeit, alles abzuspeichern während du schläfst.

Lösung der Scherzfrage: 6 - 9 - 14 - 7 - 5 - 18 - 8 - 21 - 20

Witz:

In der Geschichtsstunde: „Wenn dein Vater wüsste, was für ein Faulpelz du bist, würde er graue Haare bekommen!“ – „Dann würde er sich aber sehr freuen, Herr Lehrer. Er hat jetzt nämlich eine Glatze.“

Scherzfrage:
Welche Feige kann man nicht essen?

Stadtplan

Wie schnell findest du die 10 Fehler, die sich hier eingeschlichen haben?

Max und Anna

Stell dir vor, du bist ein berühmter Regisseur. Wie könnte diese Filmgeschichte weitergehen?

„Max war gerade dabei, in seiner Garage neue Reifen auf seine feuerrote „Ente" zu ziehen, als er draußen eine Mädchenstimme erst entsetzt aufschreien und 2 Sekunden später schallend lachen hörte. Neugierig stand er auf, legte sein Werkzeug auf das weiße Regal an der Wand und ging in den Hof. Anna lachte immer noch und nachdem Max die Situation erkannt hatte, musste auch er lachen. Anna ...."

Versteckte Kleidungsstücke

Wie schnell entdeckst du in diesen Sätzen versteckte Kleidungsstücke?

Der Schalter im Wohnzimmer ist nicht in Ordnung.
Mark leidet an Kopfschmerzen.
Marias Trümpfe sind ausgespielt.
Ute kauft Nähutensilien.
Der Schafshirte besitzt hundert Schafe.

Fallen dir noch mehr Wörter oder Sätze ein, in denen Kleidungsstücke vorkommen?

Clever, clever

Richtig oder falsch? Wenn du es nicht weißt, dann rate doch mal!

a) Wenn Frösche rufen, wird das Wetter schlechter.
b) Schildkröten fressen Äpfel.
c) Schwämme sind Pflanzenteile.
d) Fische haben 4 Ohren.
e) Auch im Meer gibt es Ratten.

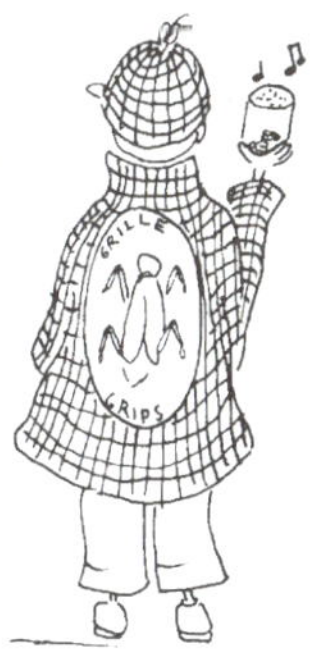

❑♓♍♒◆♓♑ ❑♓♍♒◆♓♑ ♐♋●⬧♍♒
♐♋●⬧♍♒ ❑♓♍♒◆♓♑

Vogelflug

Grille hat gerade Wildenten am Himmel beobachtet und stellt Wanda jetzt die Frage:
Wie viele Vögel müssen mindestens fliegen, wenn 2 Vögel vor einem Vogel fliegen, 2 Vögel hinter einem Vogel fliegen und 1 Vogel zwischen 2 Vögeln fliegt?

Tipps !! und Tricks: !!!

Schulterklopfen

Wenn du etwas gut gemacht hast, klopfe dir selbst mal auf die Schulter und belohne dich, wenn sonst niemand deine Leistung anerkennt. Du weißt vielleicht aus dem Zirkus, dass Tiere, wenn sie ein Kunststück vollbracht haben mit Futter und mit Worten gelobt werden, damit sie sich weiter anstrengen. Bei uns Menschen funktioniert das genauso. Wenn wir gelobt und belohnt werden für eine gute Leistung, dann haben wir viel mehr Lust, uns weiter anzustrengen. Das heißt jetzt aber nicht, dass du ständig „futtern" sollst, wenn du schwierige Fälle löst. Es gibt sicher noch andere Möglichkeiten, wie du dich belohnen kannst. !!!

Lösung der Scherzfrage: 15 - 8 - 18 - 6 - 5 - 9 - 7 - 5

Witz:

Herr Möckenisch ist beim Arzt und gerade gründlich untersucht worden. Der Arzt zieht nachdenklich seine Stirn in Falten: „Sie sollten jeden Tag eine halbe Stunde spazieren gehen." Herr Möckenisch: „Vor oder nach der Arbeit?" „Was sind Sie denn von Beruf?", fragt der Arzt. „Briefträger, Herr Doktor."

Scherzfrage:
Es ist aus einem Guss und man kann auch ein Blatt abreißen?

Kettenspiel

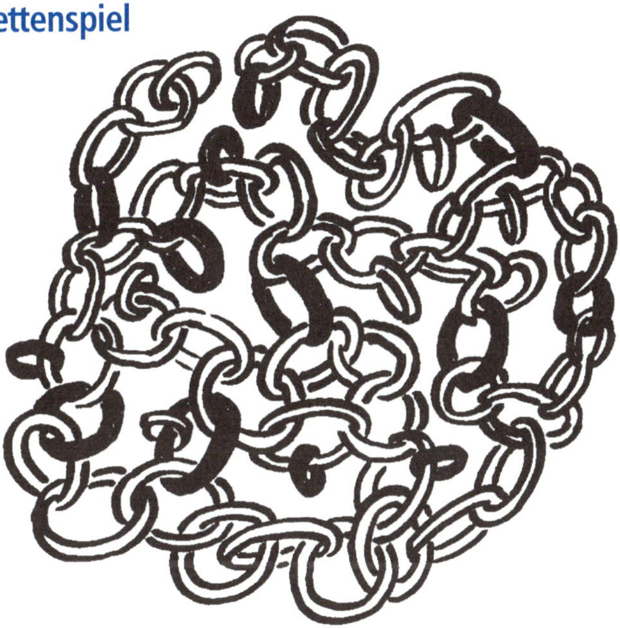

Wie schnell findest du heraus, wie viele Ringe hier abgebildet sind? Nimm Farbstifte und male die Ringe bunt. Schaffst du es in 3 Minuten ohne überzumalen?

Schnupper, schnupper

Ein Superdetektiv braucht eine gute Nase. Er muss den Braten riechen! Heute sollst du deine Nase und deine Fantasie einsetzen, um diese 12 Dinge zu speichern und morgen wieder abrufen zu können. Stell dir vor, wie du diese Düfte und Gerüche schnupperst und vor dir liegen oder stehen siehst.

Benzin - Zimtplätzchen – Shampoo
Zwiebel – Kaffee - Ölfarbe
Frische Brötchen – Zitrone – Uhukleber
Bratfisch – Parfum - Schweißfüße

Decke die Seite zu, rechne 34 x 13 = und erinnere dich an die 12 Gerüche.

Schwer-Gewicht

Wie schnell kannst du die Lücken mit den richtigen Adjektiven füllen?

.... **+ Savanne**
.... **+ Rasur**
.... **+ Waschmittel**
.... **+ Spüler**
.... **+ Meier**
.... **+ Stich**
.... **+ Strecken**
.... **+ Waren**
.... **+ Malerei**
.... **+ Geld**
.... **+ Tarif**
.... **+ Dorf**
.... **+ Gewicht**

Clever, clever

Kannst du diese drei Fragen beantworten, ohne ein Lexikon zu benutzen?
1. Wie nennt man eine Falschmeldung in der Zeitung?
2. Woraus machten die alten Ägypter Tinte?
3. Wie hoch ist ein Fußballtor?

Geheimschrift:

Fallschirmspringer

Grille entdeckt diese Zeitungsmeldung und fragt Wanda: Ist diese Zeitungsmeldung eine Ente oder wahr? „Ein Fallschirmspringer ist ohne Fallschirm aus dem Flugzeug gesprungen. Die Landung war unsanft, aber der Fallschirmspringer lebt."

Tipps !! und Tricks: !!!

Sparen ja, aber nicht am Papier

Je schwieriger es dir fällt, ein bestimmtes Thema zu lernen, desto größer sollte die Schrift deiner Notizen sein und desto mehr Platz solltest du lassen. Zeichne auch Bilder oder Skizzen zum Text, rahme wichtige Begriffe ein oder unterstreiche sie. !!!

Lösung der Scherzfrage: 2 - 12 - 15 - 3 - 11

Witz:

Der Physiklehrer fragt: „Was ist Licht?" – Melanie meldet sich zaghaft und versucht es zu erklären: „Licht ist etwas, was hell ist und was man sehen kann." Ärgerlich schüttelt der Physiklehrer den Kopf und schimpft: „Aber Melanie, mich kann man doch auch sehen, und ich bin kein Licht."

Scherzfrage:

Drei Männer fallen ins Wasser und werden pudelnass. Nur zwei von ihnen kommen mit nassen Haaren an Land. Warum?

U-Bahn-Strecke

Wie schnell findest du heraus – und zwar nur mit den Augen und ohne Stift – wohin die U-Bahn-Linien führen?

Wenn du die Ziele der U-Bahn-Strecken herausgefunden hast, versuche in 1 Minute alle Linien mit dem Stift nachzuzeichnen ohne abzurutschen.

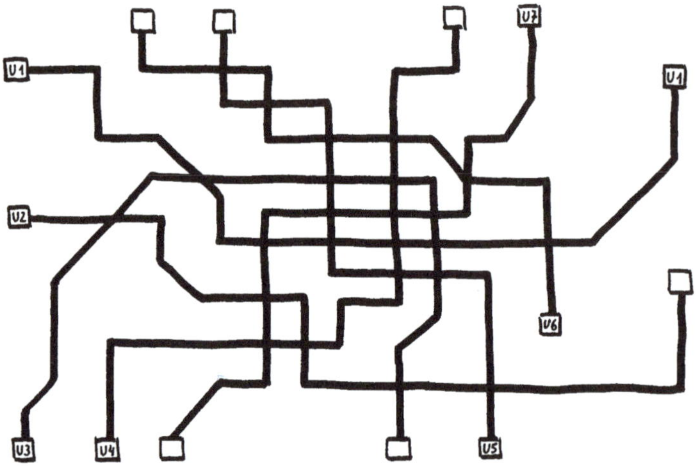

Spielzeug von A - Z:
A = Auto; B = Ball

Nachdem du deine Fantasie bereits gut trainiert hast, wird es dir leicht fallen, für jeden Buchstaben des Alphabetes einige Dinge zu finden, mit denen man spielen kann.

Es geht los:

Regenschirm und Eiscreme

Merke dir diese Wortpärchen, indem du jeweils ein Fantasiebild malst.

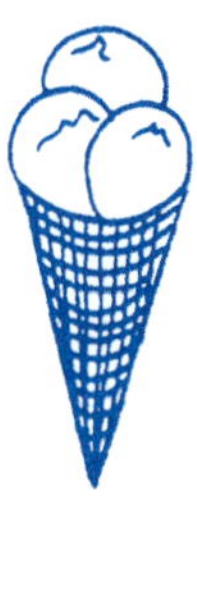

Kamel und Telefon
Hammer und Motorrad
Dach und Clown
Sessel und Blumenvase
Schuh und Torte
Wolke und Polizist
Fisch und Fenster

O-Satz

Mein Satz mit „O" heißt: Otto soll Otfried ohne Olga vom Bahnhof Oldenburg oder Obernburg abholen. Fällt euch auch ein lustiger Satz ein?

Clever, clever

- Wie heißt der Erfinder des Revolvers?
- Wie heißt der deutsche Mönch, der um 1380 das Schießpulver erfunden haben soll?
- Woraus besteht Stanniolpapier

Geheimschrift:

S a m u e l

⬧♋❍◆♏● ♍□●⧫ ♏❒♐♋■♎ ♋♍♒⧫📫
⌘♏♒■♒◆■♎♏❒⧫♐✓■♐◆■♎♎❒♏♓←♓♑
♎♏■ ❒♏❖□●❖♏❒
♌♏❒⧫♒□●♎ ⬧♍♒⬧♋❒⌘ ⬧□●● ♎♋⬧
⬧♍♒♓♏←□◆●❖♏❒ ♏❒♐◆■♎♏■ ♒♋♌♏■
⬧⧫♋■■♓□●□♋□♓♏❒ ♌♏⬧⧫♏♒⧫ ♋◆⬧
♒♋◆♍♒♎✓■■ ♋◆⬧♑♏⬧♋●⌘⧫♏❍ ⌘♓■■
- ♏♓■ ❍♏⧫♋●●

Ein Viereck und drei Dreiecke

Ein kniffliges Problem. Ist es möglich, ein Viereck zu zeichnen, bei dem man mit einem Strich drei Dreiecke entstehen lassen kann?

Tipps und Tricks:

Lerne ähnliche Fakten zeitlich und räumlich weit voneinander getrennt.
Schreibe ähnliche Wörter, bei denen du immer wieder durcheinander kommst, mit unterschiedlichen Farbstiften und auf verschiedene Seiten.
Beispiel: Wörter mit „ß“ wie Straße, Maße, Buße, außen schreibst du auf eine Seite in grüner Schrift und Masse, Kasse, Tasse, Wasser auf eine andere Heftseite in blauer Schrift.

Lösung der Scherzfrage: 5 - 9 - 14 - 13 - 1 - 14 - 14 - 8 - 1 - 20 - 5 - 9 - 14 - 5 - 7 - 12 - 1 - 20 - 26 - 5

Witz:
In der Deutschstunde lesen die Schüler einen Text über Verbrechen und Strafe. Dirk meldet sich und fragt: Frau Mümmel, ist es richtig, dass man nicht für etwas bestraft werden kann, was man gar nicht gemacht hat?“ – Frau Mümmel sagt voller Überzeugung: „Natürlich wird man nicht bestraft, wenn man nichts gemacht hat.“ – „Das ist gut, ich habe nämlich meine Hausaufgaben nicht gemacht,“ seufzt Dirk erleichtert.

42. Tag

Scherzfrage:
Wer lebt von der Hand in den Mund?

I + A / O + U / A + O

Unterstreiche und zähle alle Fremdwörter, die nur gleiche Vokale besitzen.

Atlas, Kajak, Balsam, Pampa, Piranha, Tabak, Tanga, Bank, Lava, Spagat, Safran, Alpaka, Rattan, Basar, Kaftan, Plakat, Ananas, Schakal, Armada, Gala, Manta, Trabant, Pascha, Fakir, Admiral, Haschisch, Jasmin, Kali, Mafia, Magazin, Tarif, Talisman, bizarr, Sari, Tapir, Baldachin, Pizza, Rikscha, Spinat, Taiga, Schaschlik, Mandarin, Nirwana, Paprika, Mais, Kimono, Kino, Kolibri, Kiosk, Tokio, Moskito, Tombola, Alkohol, Sofa, Pharao, Shampoo, Avocado, Sopran, Atoll, Mango, Slalom, Tornado, Kanon, Tango, Barock, Programm, Bravo, Dakota, Monaco, Amor, Mofa, Marabu, Sultan, Sauna, Jaguar, Puma, Kanu, Lasur, Turban, Tabu, Tundra, Gulasch, Monsun, Futon, Judo, Tofu, Iglu, Kibbuz, Kuli

1. Wie viele Wörter enthalten mehr als 2 „a“?
2. Wie viele Wörter enthalten die Vokale „a“ und „i“ ?
3. Wie viele Wörter enthalten die Vokale „o“ und „u“ ?
4. Wie viele Wörter enthalten die Vokale „a“ und „o“?

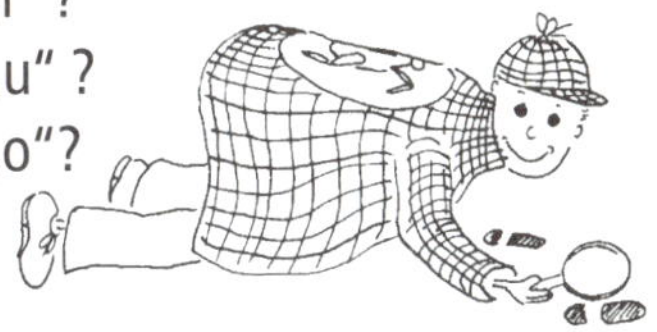

Eisbär + Klavier

Versuche heute noch einmal aus jeweils 6 Begriffen eine kleine Geschichte zu basteln, die du dir so gut vorstellst, dass du sie auch morgen noch erzählen kannst. Die Reihenfolge der vorkommenden Begriffe ist beliebig.

Klavier, Tasse, Billard, Mühle, Stuhl, Hose
Fischernetz, Schuhe, Mühle, Ring, Frosch, Radiergummi
Eiscreme, Telefon, Kamel, Bus, Gartenzaun, Koch

Lustige Autokennzeichen

Das Autokennzeichen von Ludwigsburg LB könnte zum Beispiel bedeuten: „Lustige Bettgeschichten." Was fällt dir zu diesen Autokennzeichen ein?

HER ____________________

REG ____________________

WHV ____________________

NOH ____________________

OAL ____________________

MTK ____________________

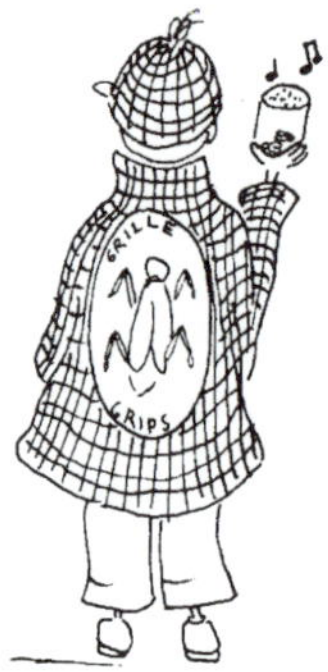

Clever, clever

Drei Fragen für clevere Detektive:

1. Für welchen Geheimdienst arbeitete James Bond?
2. Wer wohnte in 221, Baker Street, London?
3. Was ist die Legende eines Spions?

Geheimschrift:

Corpus delicti

Wanda will Grille heute ein wenig ärgern und sagt: Ich habe deinen Schlüssel versteckt. Du findest das Corpus delicti, wenn du herausfindest, was diese Dinge gemeinsam haben:

Stock – Taschen – Wand – Bild – Lampen

Grille überlegt nur kurz. Dann geht er zielgerichtet in den Flur: Weißt du auch, wo der Schlüssel ist?

Tipps !! und Tricks: !!!

Ähnlichkeit schafft Verwirrung

Wenn du dich für zwei Sprachen interessierst und zum Beispiel englische und französische Vokabeln lernen willst, dann lerne sie nicht direkt hintereinander. Das kostet viel Energie und kann in deinem Kopf später beim Erinnern für ein großes Durcheinander sorgen. !!!

Lösung der Scherzfrage: 26 - 1 - 8 - 14 - 1 - 18 - 26

Witz:

In der Mathematikstunde: „Sven, jetzt hör mir mal genau zu. Wenn ich 7 Eier auf den Tisch lege und du legst noch 3 Eier dazu, wie viele sind es dann?" – „Ich kann keine Eier legen, Herr Lehrer!"

Scherzfrage:

Je mehr er hat, desto weniger wiegt er?

Kippbilder

Bei diesen Kippbildern kommt es darauf an, sie innerhalb von einer Minute möglichst oft anders zu sehen, sie also im Kopf hin- und herkippen zu lassen.

Versuche es mit jedem dieser drei geometrischen Figuren.

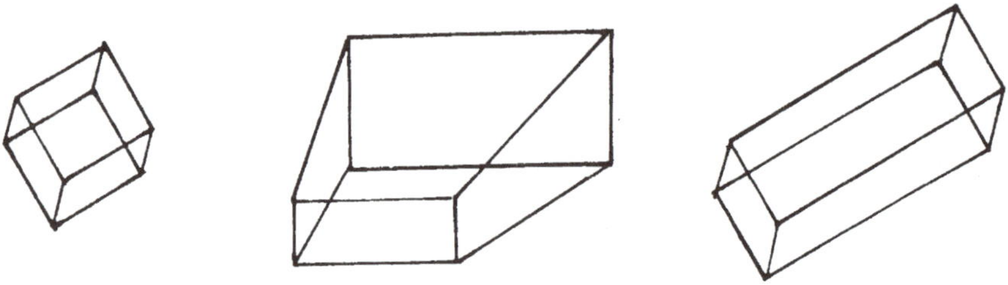

Seestern + Toilettenrolle

Schau dir diese Gegenstände an und erfinde eine kleine Geschichte, in der diese Wörter vorkommen.

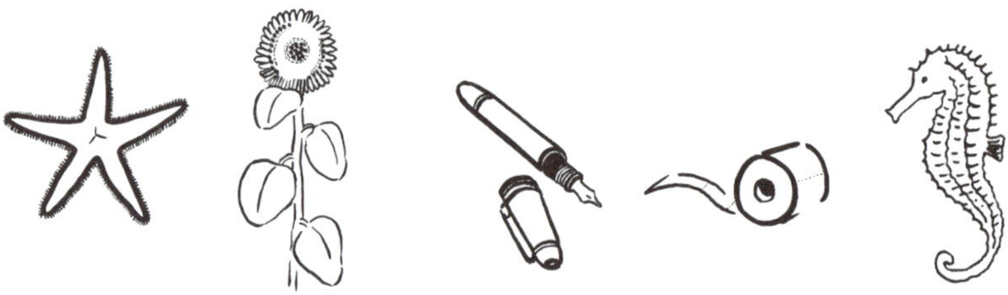

Wenn du glaubst, alles gespeichert zu haben, klappe das Buch zu, singe einen Lieblingssong und mache 5 Kniebeugen. Dann schreibe auf, an was du dich noch erinnerst.

Verkleidete Tiere

Es gibt Tiere, die einen falschen Namen tragen. Das Seepferdchen zum Beispiel. Es ist kein Pferd, sondern ein Fisch. Fallen dir noch mehr verkleidete Tiere ein?

Übrigens gibt es auch viele Gegenstände, in denen ein Tiername steckt, obwohl sie nichts mit einem Tier zu tun haben.

Clever, clever

Glaubst du, dass man irgendwann einmal tatsächlich zu Fuß durch das Mittelmeer gehen konnte?

Geheimschrift:

M I L L I O N E N

Ungleiche Frauen

Grille will heute einmal seinen Vater testen.

Stell' dir vor, dir begegnen im Hausflur zwei Frauen. Die eine ist blond, groß, hager und trägt eine Brille, die andere ist dunkelhaarig, klein und rundlich. Woran erkennst du sofort, dass es sich um Schwestern handelt?

Tipps und Tricks:

Sieben auf einen Streich

Lerne nicht mehr als sieben bis zehn Vokabeln auf einmal und nicht mehr als dreißig bis vierzig Vokabeln pro Tag. Wiederhole Vokabeln regelmäßig mit einer Lernkartei. Male dir Skizzen dazu und bilde mit den Vokabeln Sätze. Lerne Vokabeln mit Fantasie und baue Eselsbrücken.

Lösung der Scherzfrage: 4 - 5 - 18 - 11 - 1 - 5 - 19 - 5

Witz:

Im Konfirmandenunterricht fragt der Pastor. „Weiß jemand von euch, wie lange Adam und Eva im Paradies waren?" Fridolin meldet sich: „Bis zum Herbst, Herr Pastor, dann sind die Äpfel reif."

Scherzfrage:

Kann man ein Ei 60 cm tief fallen lassen, ohne dass es zerbricht?

Spiegelbild

Der Clown vor dem Spiegel sieht ein wenig anders aus als der Clown im Spiegel. Wie schnell findest du die Unterschiede?

Der Ritter und das Burgfräulein

Lies diese Geschichte, drehe in Gedanken einen kleinen Film und merke dir möglichst viele Einzelheiten:

„Es war ein warmer, sonniger Herbsttag. Jan stand am Fuße eines Berges und sein Blick wanderte hinauf zu einer alten verfallenen Burg, deren massige Türme zwischen dem bunten Herbstlaub hervorlugten. Neugierig folgte Jan dem schmalen, holprigen Weg, der sich zwischen hohem Farn und Gebüsch aus Himbeer- und Brombeersträuchern steil hinauf schlängelte. Plötzlich stand er vor einem großen, schmiedeeisernen Tor und einer hohen, halbverfallenen Mauer aus dicken Sandsteinen. Das rostige Tor quietschte und ließ sich nur schwer öffnen. Als er es schließlich geschafft hatte, traute er seinen Augen nicht. Zitternd und mit offenem Mund betrachtete er den Ritter in seiner glitzernden, metallenen Rüstung, der auf einem stolzen Schimmel heranritt und ....

Wie geht es weiter?

Geschenke von A-Z

Findest du in 3 Minuten zu jedem Buchstaben des Alphabetes ein lustiges Geschenk für deine Freunde?
berleg mal!

Clever, clever

Stimmt es, dass

- das Nürnberger Ei ein riesengroßes Osterei ist?
- manche Bäume in Salzwasser wachsen?
- der Erfinder der Litfaßsäule Litfaß heißt?

Geheimschrift:

👎✌💧 ☠⑥☼☠👌☜☼☝☜☼ ☜✋ ✋💧❄ 👎✋☜
☜☼💧❄☜ ❄✌💧👍☟☜☠🕆☟☼ 🕆💣
☞⑥☠☞☪☜☟☠☟🕆☠👎☜☼❄
👎✋☜ 🕈🕆☼☪☜☹☠ 👎☜☼ 💣✌☠☝☼⚐✞☜ 💧❄☜👍📫
😐☜☠ ✋☠ 💧✌☹☪🕈✌💧💧☜☼💧⑥💣🏱☞☜☠ 💣✌☠📫
👍☟☜☼ 💣☜☜☼☜💧😐⑥💧❄☜☠
☜☼☠💧❄ ☹✋❄☞✌■

Personenfahndung

Grille liest gerade eine Polizeimeldung:

„Gesucht wird eine Person, die immer wieder in unterschiedlichen Städten Schließfächer ausraubt, auf den ersten Blick ohne Spuren zu hinterlassen.

Bis jetzt war der Räuber in Dortmund, Düsseldorf, Frankfurt und Trier.

Wo könnte der nächste Schließfachraub stattfinden?

Wanda: Vielleicht in Rostock? Grille : Warum in Rostock?

Tipps !! und Tricks: !!!

Wenn du dir in Zukunft besser Namen merken willst, dann sprich die Namen, wenn du sie hörst, sofort nach und schreibe sie möglichst bald auf. Vor- und Nachname zusammen sind oft leichter zu behalten, weil die Kombination seltener ist als ein einzelner Name. !!!

Lösung der Scherzfrage: 10 - 1 - 23 - 5 - 14 - 14 - 2 - 21 - 5 - 19 - 1 - 21 - 19 - 70 cm 6 - 1 - 12 - 12 - 5 - 14 - 12 - 1 - 5 - 19 - 19 - 20

Witz:
Erika fährt mit der Straßenbahn. Sie hat Schnupfen und zieht dauernd die Nase hoch. Eine alte Dame sagt ärgerlich: „Hast du denn kein Taschentuch?" Misstrauisch schaut Erika die Dame an und erwidert: „Schon, aber ich verleihe es nicht!"

Scherzfrage:
Was fällt durch die Fensterscheiben, ohne sie zu zerbrechen?

Mandala

Versuche dieses Mandala auszumalen, ohne die Linien zu übermalen.

Der tapfere Felix

Wanda erzählt eine Geschichte:

„Felix war noch nicht ganz sieben Jahre alt, als er allein mit dem Fahrrad zu seiner Großmutter fuhr, die über eine Stunde von seinem Elternhaus entfernt, am anderen Ende der Stadt wohnte. Als er bereits die halbe Strecke geschafft hatte, quietschten plötzlich Reifen hinter ihm und es krachte ganz fürchterlich. Felix schaute sich um und ...."

Wie könnte es weitergehen?

Strumpf und Schaf

Wie schnell merkst du dir möglichst viele Einzelheiten?

Klappe das Buch zu, steh auf und berühre abwechselnd mit deinem rechten Ellbogen dein linkes Knie und mit deinem linken Ellbogen dein rechtes Knie, während du eines deiner Lieblingslieder trällerst.

Jetzt schreibe mit der linken Hand in die Luft, an was du dich noch erinnerst.

Sommerferien

Fülle diese Lücken mit einfachen oder zusammengesetzten Wörtern.

S .... n
O .... e
M i
M .... r
E .... e
R .... f
F .... r
E .... e
R .... m
I .... m
E .... o
N .... s

Clever, clever

Stimmt es,

- dass Schäferhunde 12 mal besser riechen können als du?
- dass Elefanten 12 Monate lang schwanger sind?
- dass Schnecken etwa 12 Stunden brauchen, wenn sie Sex haben?

Geheimschrift:

ΦΑΛΣΧΗ ΦΑΛΣΧΗ ΡΙΧΗΤΙΓ

Ein Osterei zu viel

Als Grille für die kleinen Geschwister den Osterhasen spielt, fällt ihm für Wanda eine witzige Aufgabe ein.

„Ein Lehrer, seine Schwester, ein Direktor und seine Frau finden vier Ostereier. Jeder nimmt sich ein Ei und trotzdem bleibt ein Ei übrig.

Wie kann das sein?"

Wanda lacht. Sie weiß es.

Tipps !! und Tricks: !!!

Wenn du jeden Tag einige Vokabeln, Fremdwörter oder andere wichtige Begriffe mit beiden Händen gleichzeitig schreibst, verbesserst du nicht nur deine Konzentration und dein Gedächtnis, sondern sorgst dafür, dass dein Gripscomputer immer schneller und besser wird. !!!

Lösung der Scherzfrage: 19 - 15 - 14 - 14 - 5 - 14 - 19 - 20 - 18 - 1 - 8 - 12 - 5 - 14

Witz:

„Wie geht es deinem kleinen Schwesterchen?", fragt die Lehrerin Gaby. – „Gut, aber ich glaube, meine Mutter will mein Schwesterchen verkaufen!" – „Aber, warum das denn?", ruft die Lehrerin entsetzt. – „Meine Mutter wiegt das Baby jeden Tag!"

Scherzfrage:

Was sind Früchte des Zorns?

Doppel-Haus

Wie schnell findest du die 10 Fehler, die sich hier eingeschlichen haben?

Die beiden Seepferdchen

Lies diese Geschichte und merke dir möglichst viele Einzelheiten.

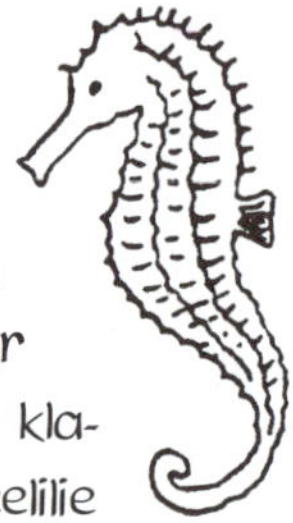

Golden strahlte die Sonne. Das Meer war blank wie Seide und auf den schläfrigen Wellen schaukelte sich leise der Wind. In der stillen Bucht war das Wasser so durchsichtig wie Glas. Bunte Fische spielten in der klaren Flut. Blumen leuchteten aus der Tiefe. Die Seelilie unterhielt sich mt dem Seeigel und die Muschel mit dem Seestern. Nur das Seepferdchen lehnte an einem Korallenbäumchen und langweilte sich. Da sah es ein anderes Seepferdchen, das auf und niederhüpfte und sehr glücklich aussah. „Was tust du so allein? Komm wir spielen zu zwein!" ......

Wie könnte diese Geschichte weitergehen?

Eeeeeeeeeeeeeeeeeee + aaaaaaaaaaa + ooooooooo

Wie schnell findest du Wörter mit mindestens 3 gleichen Vokalen?
Beispiel: Meeresseesterne (7 x „e")

Clever, clever

Stimmt es,

- dass der Planet Merkur sich mit einer Geschwindigkeit von fast 57 km pro Sekunde bewegt?
- dass die australische Libelle mit einer Höchstgeschwindigkeit von 57 km pro Stunde, das schnellste Insekt ist?
- dass der längste offizielle Ländername 57 Buchstaben hat?

Geheimschrift:

☞✌☹💧👍☟ ☼✋👍☟❄✋☝ ☼✋👍☟❄✋☝

Unaufgeklärter Mordfall

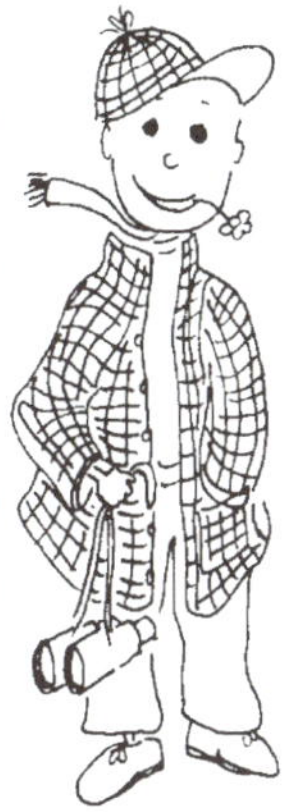

Hauptkommissar Hellermann hat wieder einmal einen schwierigen Fall zu lösen.
Er raucht seine Pfeife und schaut finster vor sich hin. Als Grille auftaucht, fragt er ihn um Rat.
„Eine Ehefrau killt ihren Mann und bringt auf der Mordwaffe falsche Abdrücke an. Das Ehepaar lebt ganz allein, weitab von der nächsten Siedlung. Es hat kein Fremder das Haus betreten.

Glaubst du, dass Grille den Fall lösen kann?

Tipps !! und Tricks: !!!

Sicher möchtest du, dass andere Menschen dich sympathisch finden. Das schaffst du, wenn du dich für diese Menschen interessierst. Wenn du anderen gibst, was du selbst haben möchtest, wird man dich sympathisch finden. !!!

Lösung der Scherzfrage: 15 - 8 - 18 - 6 - 5 - 9 - 7 - 5 - 14

Witz:
Klaus kommt von der Schule: „Papa, der Lehrer hat gesagt, wir stammen alle vom Affen ab!" Na, du vielleicht, ich nicht."

Scherzfrage:
Wer ist flüchtig, will hoch hinaus und beißt?

Baumhaus

Wie schnell findest du die 10 Fehler, die sich hier eingeschlichen haben?

Der kleine Spatz

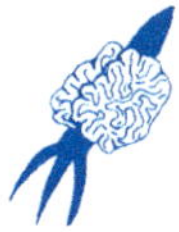

Wanda erzählt ein Märchen:

„Es war einmal ein kleiner Spatz in einer großen kalten Stadt. Die Häuser waren grau vom Rauch der vielen Schornsteine und es gab kaum Bäume und Sträucher. Nur wenige Menschen hatten einen kleinen Garten, in dem Blumen blühten und ab und zu ein Schmetterling von Löwenmäulchen zu Löwenmäulchen flog. Es gab viele Spatzen in dieser lärmenden Stadt mit den hässlichen Steinen und die Menschen eilten zwischen den hohen Mauern geschäftig hin und her. Der kleine Spatz saß oft allein auf der Brüstung eines schmutzigen Balkons, und ...."

Wie könnte dieses Märchen weitergehen?

Verkehrszeichen

Schau dir diese Verkehrszeichen ganz genau an und merke dir möglichst viele Einzelheiten.
Klappe das Buch zu, mache 7 Kniebeugen während du rückwärts von 77 -17 alle Zahlen nennst, die durch 7 teilbar sind oder eine 7 enthalten. Dann zeichne mit der linken Hand die Verkehrszeichen in die Luft, an die du dich erinnerst.

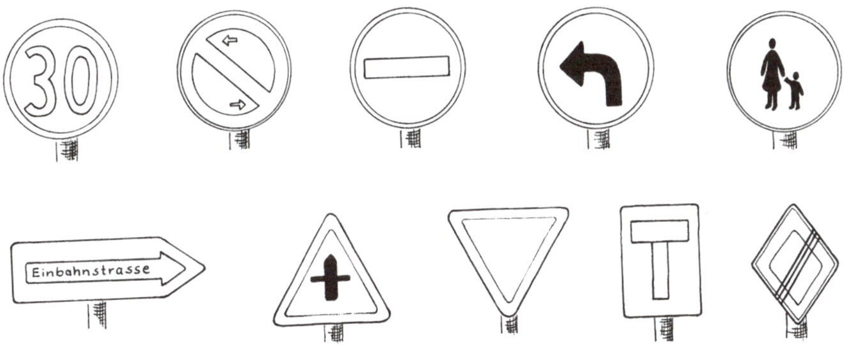

Piratenschiffe

Was glaubst du, wie viele Wörter kann man aus den Buchstaben der **„Piratenschiffe"** bilden? Schätz erst einmal, bevor du loslegst.

Clever clever

Stimmt es,

- dass es das längste Alphabet mit 88 Buchstaben in Kambodscha gibt?
- dass 88 % eines Eisberges immer unter Wasser sind?
- 1 Tag auf dem Merkur 88 Tage auf der Erde dauert?

Geheimschrift:

ΑΛΣΧΗ ΡΙΧΗΤΙΓ ΑΛΣΧΗ

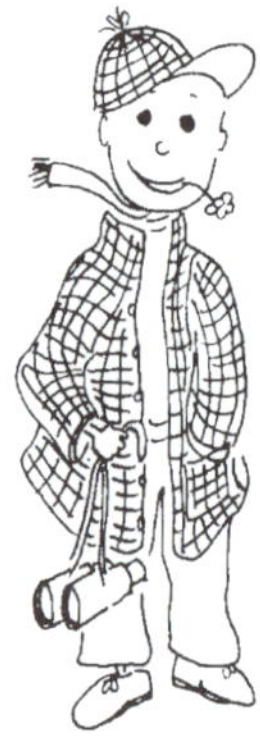

E-Mail Det

Grille und Wanda sitzen am Computer und schauen gerade in den „Briefkasten".

Freund Max hat eine Mail geschickt:

„Der Rätselfreund beobachtet Delfine und Eidechsen, spielt Klavier, isst Hammelfleisch und kann jedem Freund helfen.

Wanda ist enttäuscht: „Ich dachte, Max wollte uns eine Geheimnummer mailen!" Grille: „Hat er doch."

Tipps und Tricks:

Weißt du, warum du manche Dinge vergisst und andere Infos locker behalten kannst?

Wenn du vergesslich bist, hast du vielleicht gerade Stress, zu wenig frische Luft und zu wenig Bewegung, bist müde oder das Thema interessiert dich einfach nicht.

Lösung der Scherzfrage: 18 - 1 - 21 - 3 - 8

Witz:
„Mama, stimmt es, dass der Hai sich von Sardinen ernährt?" – „Ja, Fränzchen, das stimmt!" – „Aber wie macht er denn die Dosen auf?"

Scherzfrage:
Welcher Fall tut gut?

Zickzackmauer

Wie schnell kannst du auf dieser Zickzackmauer mit einem Stift entlangfahren ohne „herunterzufallen"?

Mond + Mühle

Schau dir diese Zeichnung genau an und merke dir möglichst viele Einzelheiten.

Klappe dann das Buch zu, rechne 9 x 8 x 7 und schreibe auf, an was du dich erinnerst.

Versteckte Körperteile

Heute ist dein detektivischer Spürsinn gefragt. Wie schnell findest du in diesen Sätzen verschiedene Körperteile?

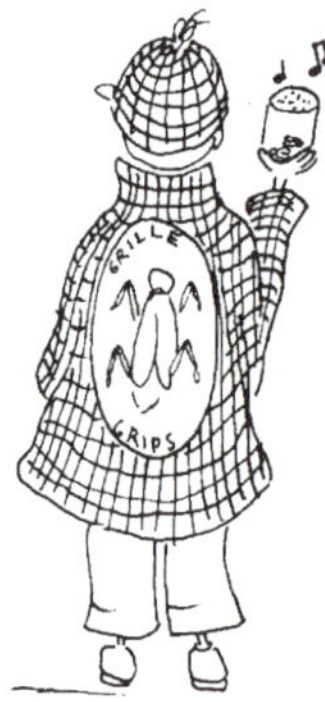

Moritz ahnt etwas von seinem Glück.
Das brachte Jeniffer ein großes Lob ein.
Lana und Patrick telefonieren mit ihren Großeltern.
Rauchschwaden sind überall.
Mark bringt seine Schaufel ungern in den Schuppen.

Findest du mindestens noch 13 weitere Wörter, in denen Körperteile (Po, Arm, Bein, Hand, ...) versteckt sind?

Clever, clever

Stimmt es,
- dass in einem menschlichen Körper pro Sekunde fast 400 000 radioaktive Atome zerfallen?
- dass der Mensch insgesamt ca. 4000 m Nerven besitzt?
- dass du 4 Muskeln brauchst, um ein Wort auszusprechen?

Geheimschrift:

ΡΙΧΗΤΙΓ ΑΛΣΧΗ ΑΛΣΧΗ

Rätselhafte Vogelart

Bauer Gieselbart hat eine Vogelvoliere mit vielen bunten Vögeln. Als Wanda und Grille ihn wieder einmal besuchen und fasziniert die Vögel anschauen, sagt Bauer Gieselbart: „Stellt euch vor, ihr seht Vögel, die keine Eier legen und doch aus Eiern ausgebrütet werden. Um was für eine Vogelart könnte es sich handeln?"

Tipps und Tricks:

Erfolg muss sichtbar sein!

Wenn dir etwas gelungen ist, wenn du eine gute Note erhalten hast oder dir jemand eine Freude bereitet hat, dann male dir doch ein lachendes Smily in deinen Kalender oder auf ein Blatt Papier, das du auf deine Pinnwand hängst. Wenn es dann mal nicht so super läuft, schaust du auf die Smilys. Das gibt dir wieder neue Kraft und neuen Mut.

Lösung der Scherzfrage: 2 - 5 - 9 - 6 - 1 - 12 - 12

Witz:

Der Physiklehrer fragt: „Was ist gemeint, wenn man von einem Körper spricht, der Gegenstände anzieht, Sachen aufhebt und der mit ‚M' beginnt?" – Felix meldet sich sofort: „Das ist meine Mutter."

Scherzfrage:

Was ist ein eisenhaltiges Abführmittel?

"F" gestrichen

Wie schnell findest du die F-Wörter, bei denen du das F wegstreichen kannst und dann sinnvolle Wörter übrigbleiben?

Fichte, Föhre, Fahne, Ferse, Feile, Franke, Fluss, Flamme, Flechte, Folie, Falke, Fähre, Fuß, Flöte, Fliese, Flinte, Flocke, Feder, Felle, Flanke, Falle, Freude, Fink, Film, Feind, Fund, Fransen, Frage, Faust, Frau, Fach, Felder, Frist

Marktplatz

Schau dir dieses Bild genau an und merke dir möglichst viele Einzelheiten.

Wolkenband

Wie schnell kannst du die zusammengehörenden Wolken finden?

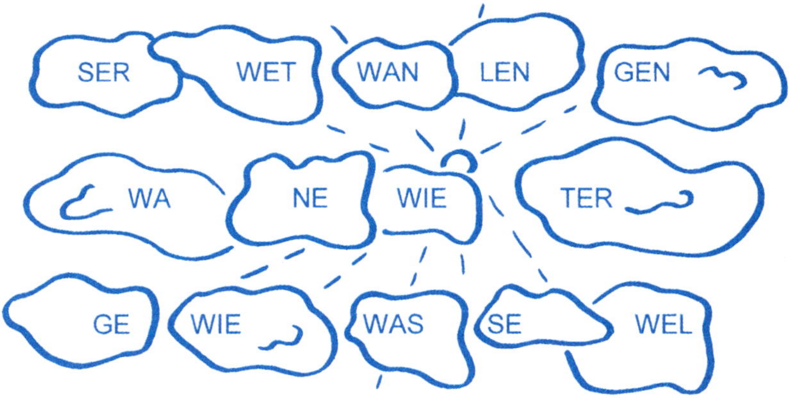

Clever, clever

Stimmt es,

- dass der Mensch zu 98 % die gleichen Erbanlagen (DNS) hat wie der Schimpanse?
- dass der Planet Saturn so leicht ist, dass er auf dem Wasser schwimmen würde, wenn es ein entsprechend großes Schwimmbecken gäbe?
- dass es bei den Indianern im Regenwald des Amazonas die erste wasserdichte Regenbekleidung gab?

Geheimschrift:

Zahlenspaß

Wanda hat sich für Grille heute drei schwierige Fragen ausgedacht.

1. Wie machst du die Zahl 666 anderthalb mal so groß, ohne etwas hinzuzufügen?
2. Wie kannst du die Zahl 100 mit 4 gleichen Ziffern schreiben?
3. Zwei ganze Zahlen miteinander multipliziert ergeben 97. Welche Zahlen sind das?

Tipps !! und Tricks: !!!

Wenn du dir die Schreibweise bestimmter Wörter absolut nicht merken kannst und du jedes Mal wieder neu überlegen musst, dann versuche einmal den folgenden Trick. Bilde einen Satz, in dem dein Problemwort vorkommt und ein Wort, das ähnlich geschrieben wird und das du mühelos schreiben kannst. So brauchst du dich in Zukunft nur an diesen Satz zu erinnern und du kennst die Schreibweise des schwierigen Wortes. Beispiele: Tina trinkt in der Kantine Limo. Christian spielt im Orchester. !!!

Lösung der Scherzfrage: 8 - 1 - 14 - 4 - 19 - 3 - 8 - 5 - 12 - 12 - 5 - 14

Witz:
Ärgerlich schimpft der Vater: „Du nervst mit deiner ewigen Fragerei. Als ich so alt war wie du, habe ich überhaupt nicht gefragt.“ – „Wenn du deinen Papa auch mit Fragen gelöchert hättest, könntest du meine Fragen heute wenigstens beantworten.“

50. Tag

Scherzfrage:
Es ist kein Baum und hat doch viele Blätter?

Buchstabensalat

In diesem Buchstabensalat sind 20 Wörter der Zahlenmerkwortmethode versteckt. Erinnerst du dich?
Für die 1 steht der Turm, für die 2.................. ?

fedfvvhdrfcbbbzztcvturmgtfgbndrwsdvbjnohbbrillebgfrfgbjuzz-
herffvbbbftgfesestfuibvfahrradbtnbgfvhgncrthbvvbdreieckhhtbvbvedvcv
dsvbbnFenstergbvfccsaeikjbvbjfdrzuihvcnbvhjhandztredjkmnbvcvbnnbv
cxcnbhffghkljhgdwürfelvdetzuvsdfgvcfdsagvbbcghzwer-
gefrsdcvfghjklmnbvccvbnmöplojzgfedfmnbvccvasx-
detcbhtfcvvbfdachterbahnvklgfjkkegelnvvhjdshgfdfghjhgfdsfgasdadgjiui
ohrfccaewgvcdsfgbvvgbbbbasedsaedghdhuijgrffzehendsserth-
jouvhfdhnfußballdedfdssdghetzuihgfbvngespenstbfrtrvcvcddfcvvvvbl
schornsteinfegervrfvbsaewuiiffdfcvbnhffgfvbvurlaubvd-
sergbbnnbjtdvbrdsasfhklouhfdmofahhgrdcccvbbgfdaswasekhgolokuhhh
fssfgoutrbbrautcfdaertuikmmngfddfccvbnnhfxasdfghkkbgfccxxkartenspie
lbgvbvddrsacvcvvführerscheinhgasdesafwesdfghhfernse-
hergfvfdfdfcvffddaasfhneuroscheingfrdcdfdadcbnhf

Die unheimliche Insel

Es war einmal ein Angler mit einem langen roten Bart. Er fuhr an einem heißen Sommertag mit seiner Tochter Lena in einem blauen Ruderboot über den großen See am Rande der Kleinstadt. Lena ruderte und der Vater schaute gedankenverloren auf das stille, klare Wasser. So weit wie heute waren sie zum Angeln noch nie hinausgerudert. Plötzlich ....

Wie könnte diese Geschichte weitergehen?

Allerlei

Heute kannst du zeigen, wie gut dein Gedächtnis jetzt ist. Merke dir diese 20 Tiere.

Schau sie dir noch einmal genau an. Klappe das Buch zu, zähle rückwärts von 33 alle Zahlen, die durch drei teilbar sind oder eine 3 enthalten während du deine Hände abwechselnd vor und hinter dem Rücken kreuzt. Dann schreibe mit der linken Hand alle Dinge auf, an die du dich noch erinnerst.

Wer verbirgt sich hinter diesen Namen?

Klaus Uren
Ernst Fall
Tom Ate

Welche Namen fallen dir noch ein, die am Anfang von Wörtern stehen?

Clever, clever

Wissenswertes in einer Geheimsprache

👎☜☼ 💣☜☠💧👍☟ 😐✌☠☠ ✌☹💧 ☜✋☠☪✋☝☜💧
💧⇨🕆☝☜❄✋☜☼ ☹⇨👍☟☜☹☠
☞▯ ☼ ☜✋☠ □☞🕆☠👎 ☟⚐☠✋☝ 💣▯ 💧💧☜☠
👌✋☜☠☜☠ ☼🕆☠👎 ☪🕈☜✋ 💣✋☹☹✋⚐☠☜☠
👌☹▯ ❄☜☠ ✌☠☞☹✋☜☝☜☠
✌🕆☞ 👎☜☼ ☟✌🕆❄⚐👌☜☼☞☹⇨👍☟☜ ☜✋☠☜💧
💣☜☠💧👍☟☜☠ ☹☜👌☜☠ 💣☜☟☼ ☹☜👌☜🕈☜💧☜☠
✌☹💧 💣☜☠💧👍☟☜☠ ✌🕆☞ 👎☜☼ ☜☼👎☜
☞🕆💧💧👌✌☹☹ 🕈✋☼👎 💧☜✋❄ 👎☜💣
☪🕈▯ ☹☞❄☜☠ ☺✌☟☼☟🕆☠👎☜☼❄ ☝☜💧🏱✋☜☹❄

Buchseiten

Grille zieht die Stirn in Falten und denkt angestrengt nach. Um diesen Fall aufzuklären, ist es wichtig zu wissen, wie viele Seiten das Buch des bekannten Autors Waldemar Wiese hat.
Der Text beginnt auf Seite 4. Wenn du 4 von der letzten Seitenzahl des Buches abziehst und dann die Seitenzahl hinzufügst, mit der die zweite Buchhälfte beginnt, kommst du auf die Zahl 642. Ist dir das eine Hilfe?

Tipps !! und Tricks: !!!

Wurmzüchtung

Was hältst du davon, wenn du ab jetzt Bücherwürmer züchtest? Immer, wenn du ein Buch oder eine Geschichte gelesen hast, ziehst du einen Korken (eine Filmrolle, eine Toilettenrolle oder vielleicht einen Knopf) auf einen Faden. Mal sehen wie lang deine Bücherwürmer heute in einem Jahr sind. !!!

Lösung der Scherzfrage: 2 – 21 – 3 – 8

Witz:

Lehrer „Das Wörtchen „un" am Anfang eines Wortes bedeutet selten etwas Gutes. Wer von euch kann mir ein Beispiel nennen?" Fritzchen antwortet: „Unterricht Herr Lehrer."

Tipps !! und Tricks !!!

1. *Wenn du in kurzer Zeit viele* ***Infos speichern*** *willst, suche dir einen Ort, an dem du dich pudelwohl fühlst. Je entspannter du bist, desto besser arbeitet dein Gripscomputer.*

2. *Beim* ***Geschichtenerfinden*** *ist es ganz wichtig, in Gedanken einen kleinen Film zu drehen und alles wie im Kino auf einer Leinwand zu sehen. Je lustiger der Film ist, desto mehr freut sich dein Gehirn und speichert gerne alle Einzelheiten ab.*

3. ***Kettenmethode***
Wenn du dir Begriffe in einer bestimmten Reihenfolge merken möchtest, verknüpfte sie in Gedanken so miteinander als würdest du die Glieder einer Kette miteinander verbinden. Wichtig ist, sich nicht nur die einzelnen Dinge zu merken, sondern praktisch einen „Film“ zu drehen und dabei mit der Kamera ganz langsam von einem Gegenstand zum nächsten zu schwenken.

4. ***Fantasietraining***
Wenn du auch hinter das Geheimnis der verrücktesten Kriminalfälle kommen willst, musst du viel Fantasie haben. Fantasie kannst du trainieren. Nimm öfter mal ein Buch oder eine Zeitschrift, schlage eine beliebige Seite auf und lies 3 Sätze. Klappe das Buch oder die Zeitschrift wieder zu und denke dir aus, wie der Text weitergehen könnte.

5. *Im Alter von 11 – 12 Jahren wird in deinem Gripscomputer ein Stoff gebildet, der alle Verbindungsstellen auflöst, die bis dahin nicht oder kaum benutzt worden sind. Wenn du danach z.B. Französisch lernen möchtest, ist das nicht mehr so einfach. Es müssen erst einmal neue Schaltstellen im Gehirn gebaut werden, bevor du so richtig loslegen kannst. Lernen ist also in den ersten elf bis zwölf Jahren am mühelosesten. Hast du die Zeit optimal genutzt?*

6. *Wenn du für eine Klassenarbeit oder ein Referat lernst, dann nutze die Fähigkeiten deines Gripscomputers. Sprich die Daten und Fakten auf Kassette und höre sie später mehrfach an.*
Du musst dabei nicht einmal intensiv zuhören, sondern kannst dich mit irgendetwas beschäftigen.
Dein Gehirn speichert – wenn es den Text oft genug hört – auch ohne deine Unterstützung. Denk an die Werbesendungen im Fernsehen. So sparst du Zeit und anstrengendes Lernen.

7. *Wenn du deinen Scharfblick noch mehr trainieren möchtest, dann lies doch mal einen Abschnitt in deinem Lieblingsbuch so schnell wie möglich und zähle dabei z.B. alle „e" oder alle „u".*

8. *Heute ein Trick, wie du dein Gedächtnis enorm verbessern kannst: Stell dir zunächst die zu merkenden Infos in einem Bild vor. Wenn du mehrere Infos in ein Fantasiebild packst, denkt dein Gripscomputer, es sei nur eine Info und speichert sie schneller und sicherer ab.*

9. *Was glaubst du, wie lange du brauchst, um dir 30 Vokabeln zu merken, wenn du 15 Vokabeln in 10 Minuten lernst? Die doppelte Zeit meinst du? Nein, du brauchst die dreifache bis vierfache Zeit. Probiere es mal aus. Das bedeutet, teile dir deinen Lernstoff in kleine Portionen ein, dann dauert es nicht so lange und du hast mehr Zeit für andere Dinge.*

10. *Wiederhole gelernten Stoff in einem anderen Raum. Nur so kannst du feststellen, ob die Infos wirklich so gut gespeichert sind, dass du sie jederzeit und überall abrufen kannst. Du speicherst nämlich Dinge in deiner Umgebung mit und diese Dinge helfen dir beim Erinnern.*

11. *Kennst du Langeweile? Wahrscheinlich nicht, denn du bist ja an so vielen interessanten Dingen interessiert. Wenn es aber doch mal langweilig wird, schalte das Radio ein und achte auf bestimmte Wörter, z.B. auf alle Wörter mit „ung" oder Wörter, die mit „Sch" anfangen oder die mit „r" enden.*

Das ist ein gutes Training, um bei einem Gespräch alle Einzelheiten wirklich mitzubekommen.

12. *Wenn du dir etwas gut merken möchtest, baue Eselsbrücken. Benutze z.B. Merkverse: „Wer nämlich mit h schreibt, ist dämlich."*
Reime: 333 bei Issos Keilerei
Verwende Hilfssätze: „Mein Vater erklärt mir jeden Sonntag unsere neun Planeten."
(Jeder Anfangsbuchstabe ist gleichzeitig der Anfangsbuchstaben für einen Planeten und so entsteht die richtige Reihenfolge.)

13. *Wenn du dich beim Denken bewegst, fällt dir das Denken leichter. Steh' – wenn du am Schreibtisch sitzt – zwischendurch mal auf, mach ein paar Kniebeugen oder Liegestütze. Dann ist dein Gripscomputer wieder topfit.*

14. *Kennst du 3-D-Sehen? Durch 3-D-Sehen beim Betrachten magischer Bilder wird dein Gripscomputer ganz entspannt und ungemein leistungsfähig. Außerdem fühlst du dich anschließend pudelwohl, da beim 3-D-Sehen sogenannte „Glücksstoffe" im Gehirn ausgeschüttet werden.*

15. *Weißt du, dass bereits nach 3 Wochen Faulenzerferien dein Intelligenzquotient bis zu 30 % sinkt? Kein Wunder also, wenn du dann in den ersten Schultagen Probleme mit dem Gedächtnis und dem Denken hast. Also: Wer viel denkt, denkt leichter!*

16. ***Ideensammlung***
Wenn du öfter mal eine gute Idee oder einen guten Gedanken hast, dann lasse sie nicht verloren gehen. Lege dir im Computer, in einer Kartei oder im Heft eine Ideensammlung an. Gefundene Ideen bringen neue Ideen hervor.

17. *Wenn du stundenlang am Computer sitzt, solltest du zwischendurch deine Blicke immer wieder einmal in die Ferne schweifen lassen und aus dem Fenster schauen. Das ist Erholung pur für deine Augen und schenkt dir wieder neue Konzentration.*

18. *Wenn du stundenlang auf der Computertastatur herumklimperst und die Maus fest im Griff hast, solltest du zwischendurch deinen Händen eine kleine aktive Pause gönnen. Bewege deine Hände so, als wolltest du einen Hefeteig kneten. Mit dieser Übung werden deine Finger wieder locker, Stress wird abgebaut und vor allem: Dein Gripscomputer erhält mehr Sauerstoff. Du bist wieder topfit.*

19. *Wenn du dir ein Tagebuch zulegst und jeden Tag wichtige Ereignisse und Gedanken darin aufschreibst, hast du sozusagen ein zweites Gedächtnis, das dir hilft, wenn dein Gripscomputer streikt. Außerdem trainierst du so, wichtige Dinge bewusst wahrzunehmen, damit du sie später aufschreiben kannst.*

20. *Sing doch mal wieder. Das stärkt besonders die rechte Seite deines Gripscomputers, entspannt und erhöht somit deine Leistungsfähigkeit.*

21. *Wenn du alle Sinne beim Merken von Infos einsetzt, behältst du sie besser und kannst dein gespeichertes Wissen später auch schneller wieder abrufen.*

22. *Kennst du „Studentenfutter"? Das ist eine Mischung aus Nüssen und Rosinen.*
Vor allem Nüsse sind Nervennahrung und machen dich denkfit. Sie enthalten viele Vitamine und den Mineralstoff Magnesium. Also greif zu!

23. *Ein Superdetektiv nutzt seine Stunde. Die beste Zeit, sich viele Dinge zu merken, ist die Stunde von 15 Uhr bis 16 Uhr am Nachmittag. Das Langzeitgedächtnis ist dann am aktivsten.*

24. *Mach mal Pause! Ich meine beim Lernen! Wenn du in einer Lernpause eine Kleinigkeit isst, dann freut sich dein Gedächtnis.*

25. ***Computermüdigkeit***
Wenn du nach vielen Stunden am Computer sehr müde Augen hast, probiere diesen Trick:
Reibe die Handflächen kräftig gegeneinander und lege dann die Hände schnell über die geöffneten Augen. Dreimal wiederholt und deine Augen leuchten wieder.

26. *Wer clever ist, achtet darauf, dass der Gripscomputer immer das richtige „Futter“ erhält.*
So wie ein Auto nur gut fährt, wenn es den richtigen Treibstoff und genug Öl bekommt, so will dein Kopf, um cool und konzentriert arbeiten zu können, viel Obst, Gemüse, Salate, ausreichend Milch, Joghurt und Quark, Fisch, Vollkornbrot und Müsli.

27. *Melodien unterstützen dein Gedächtnis. Dir ist sicher schon aufgefallen, dass du viel leichter einige Strophen singen kannst als ein Gedicht aufsagen. Das liegt daran, dass beim Lied die Melodie und der Text sich gegenseitig unterstützen. Auch Reime sind wie eine Melodie und dein Gripscomputer hat ein leichtes Spiel. Wenn du dir also schnell eine wichtige Regel einprägen willst, dann singe sie doch mal als würdest du z.B. deinen Lieblingssong trällern.*

28. ***Vertreibe den Fehlerteufel mit Fantasie***
Wenn du demnächst unsicher bist, wie ein Wort geschrieben wird, dann stell dir vor, du schreibst das Wort ganz groß an eine Tafel und statt des schwierigen Buchstabens malst du ein entsprechendes Bild. Wenn du das ganz deutlich sehen kannst, wirst du nie wieder vergessen, wie du dieses Wort schreiben musst.
Beispiel Schokolade mit „k“ wie Klavier. In deiner Fantasie

sind die weißen Tasten des Klaviers total mit Schokolade beschmiert.

29 ***Bitte nicht stören!***

Wenn du ungestört sein willst, um über einen schwierigen Fall nachzudenken, solltest du ein solches Schild an die Tür hängen. Auch die kleinste Unterbrechung beim Denken ist eine Störung.

30. *Denke laut, wenn du ein Problem lösen willst. Stell dir die Situation genau vor.*

31. ***Fehlersammlung***

Lege dir in Deutsch und Englisch eine Fehlersammlung an, wenn du magst im Computer. Notiere dir die falsch geschriebenen Wörter, dann kannst du viel gezielter üben und sparst viel Zeit.

32. *Wenn du ein guter Detektiv sein willst, dann verschaffe dir immer erst einmal einen Überblick!*

33. ***Merkposter***

Du hast wahrscheinlich ein oder sogar mehrere Poster an der Wand hängen? Wenn du dir ohne Stress viele Fakten merken willst, dann mache dir doch immer wieder mal ein Merkposter mit Skizzen und kleinen Zeichnungen. Dein Gripscomputer wird es dir danken.

34. ***Pinnwand***

Hast du schon für wichtige Infos und Termine eine Pinnwand in deinem Zimmer? Wenn nicht, dann besorge dir gleich eine. Du kannst auch ein quadratisches Stück Pappe bunt anmalen oder bekleben und dann selbstklebende Zettel benutzen.

35. *Vermehre deinen Schatz, ich meine deinen Wortschatz, damit du dich jederzeit klar und deutlich ausdrücken kannst.*

- *Lese viel*
- *Suche oft in Texten versteckte Wörter*
- *Spiele oft Teekesselraten*
- *Suche oft Wörter mit bestimmten Buchstaben*

36. *Beachte deinen „Lerntick“!*

Lernst du deine Vokabeln gerne auf dem Teppich, in einem kuscheligen Sessel oder vielleicht auf dem stillen Örtchen, anstatt am Schreibtisch? Wenn du in den Augen deiner Mitmenschen so einen kleinen „Lerntick“ hast, dann lasse die anderen nur lachen. Du weißt ja bereits, dass du an einem bestimmten Ort, in einer guten Atmosphäre besser lernen kannst. Wissenschaftler können das erklären und geben dir Recht. Je wohler du dich beim Lernen fühlst, desto aktiver und schneller ist dein Kopfcomputer. Also pflege deinen „Lerntick“. Wichtig ist, dass du mit möglichst wenig Aufwand, möglichst gute Noten schreibst.

37. *Welcher Lerntyp bist du?*

Überlege mal, ob du dir Dinge besser merken kannst, wenn du sie anfassen kannst, sie siehst oder wenn du die Wörter dafür hörst. Verstehst du eine Mathematikaufgabe besser, wenn sie dir jemand erklärt oder wenn du dich mit einem Freund darüber unterhältst? Helfen dir Bilder und Skizzen beim Lernen oder eher Formeln? Jeder Mensch lernt anders, und es gibt ganz viele unterschiedliche Lerntypen. Es ist wichtig, dass du erkennst, was für dich am besten ist.

38. *Vergessen kann man verschlafen!*

Leg dein Buch am Abend unter dein Kopfkissen und du weißt morgen eine Menge. Lachst du jetzt über diesen Satz? Das funktioniert natürlich nur, wenn du vorher in das Buch hineingeschaut und mit Verstand darin gelesen hast. Wenn du vor dem Schlafengehen z.B. ein Gedicht oder Vokabeln wiederholst (nicht neu lernst), dann hat dein Gehirn Ruhe und Zeit, alles abzuspeichern während du schläfst.

39 *Schulterklopfen*

Wenn du etwas gut gemacht hast, klopfe dir selbst mal auf die Schulter und belohne dich, wenn sonst niemand deine Leistung anerkennt. Du weißt vielleicht aus dem Zirkus, dass Tiere, wenn sie ein Kunststück vollbracht haben mit Futter und mit Worten gelobt werden, damit sie sich weiter anstrengen. Bei uns Menschen funktioniert das genauso. Wenn wir gelobt und belohnt werden für eine gute Leistung, dann haben wir viel mehr Lust, uns weiter anzustrengen. Das heißt jetzt aber nicht, dass du ständig „futtern“ sollst, wenn du schwierige Fälle löst. Es gibt sicher noch andere Möglichkeiten, wie du dich belohnen kannst.

40 *Sparen ja, aber nicht am Papier*

Je schwieriger es dir fällt, ein bestimmtes Thema zu lernen, desto größer sollte die Schrift deiner Notizen sein und desto mehr Platz solltest du lassen. Zeichne auch Bilder oder Skizzen zum Text, rahme wichtige Begriffe ein oder unterstreiche sie.

41 *Lerne ähnliche Fakten zeitlich und räumlich weit voneinander getrennt.*

Schreibe ähnliche Wörter, bei denen du immer wieder durcheinanderkommst, mit unterschiedlichen Farbstiften und auf verschiedene Seiten.
Beispiel: Wörter mit „ß“ wie Straße, Maße, Buße, außen schreibst du auf eine Seite in grüner Schrift und Masse, Kasse, Tasse, Wasser auf eine andere Heftseite in blauer Schrift.

42 *Ähnlichkeit schafft Verwirrung*

Wenn du dich für zwei Sprachen interessierst und zum Beispiel englische und französische Vokabel lernen willst, dann lerne sie nicht direkt hintereinander. Das kostet viel Energie und kann in deinem Kopf später beim Erinnern für ein großes Durcheinander sorgen.

43. ***Sieben auf einen Streich***
Lerne nicht mehr als sieben bis zehn Vokabeln auf einmal und nicht mehr als dreißig bis vierzig Vokabeln pro Tag. Wiederhole Vokabeln regelmäßig mit einer Lernkartei. Male dir Skizzen dazu und bilde mit den Vokabeln Sätze. Lerne Vokabeln mit Fantasie und baue Eselsbrücken.

44. *Wenn du dir in Zukunft besser Namen merken willst, dann sprich die Namen, wenn du sie hörst, sofort nach und schreibe sie möglichst bald auf. Vor- und Nachname zusammen sind oft leichter zu behalten, weil die Kombination seltener ist als ein einzelner Name.*

45. ***Beidhändig***
Wenn du jeden Tag einige Vokabeln, Fremdwörter oder andere wichtige Begriffe mit beiden Händen gleichzeitig schreibst, verbesserst du nicht nur deine Konzentration und dein Gedächtnis, sondern steigerst ganz allgemein dein Denkvermögen.

46. *Sicher möchtest du, dass andere Menschen dich sympathisch finden. Das schaffst du, wenn du dich für diese Menschen interessierst. Wenn du anderen gibst, was du selbst haben möchtest, wird man dich sympathisch finden.*

47. ***Vergesslichkeit***
Weißt du, warum du manche Dinge vergisst und andere Infos locker behalten kannst?
Wenn du vergesslich bist, hast du vielleicht gerade Stress, zu wenig frische Luft und zu wenig Bewegung, bist müde oder das Thema interessiert dich einfach nicht.

48 ***Erfolg muss sichtbar sein!***

Wenn dir etwas gelungen ist, wenn du eine gute Note erhalten hast oder dir jemand eine Freude bereitet hat, dann male dir doch ein lachendes Smily in deinen Kalender oder auf ein Blatt Papier, das du auf deine Pinnwand hängst. Wenn es dann mal nicht so super läuft, schaust du auf die Smilys. Das gibt dir wieder neue Kraft und neuen Mut.

49 *Wenn du dir die Schreibweise bestimmter Wörter absolut nicht merken kannst und du jedes Mal wieder neu überlegen musst, dann versuche einmal den folgenden Trick. Bilde einen Satz, in dem dein Problemwort vorkommt und ein Wort, das ähnlich geschrieben wird und das du mühelos schreiben kannst. So brauchst du dich in Zukunft nur an diesen Satz zu erinnern und du kennst die Schreibweise des schwierigen Wortes.*

Tina trinkt in der Kantine Limo.

50 ***Wurmzüchtung***

Was hältst du davon, wenn du ab jetzt Bücherwürmer züchtest? Immer, wenn du ein Buch oder eine Geschichte gelesen hast, ziehst du einen Korken auf einen Faden. Mal sehen wie lang deine Bücherwürmer heute in einem Jahr sind.

Lösungen:

1. Tag

Gefüllte Badewanne: Baden, Ausflüge, Drachen steigen lassen, Eisenbahn fahren, Wolken zählen, Abenteuerreise, Naschen, Nachdenken, Eltern verwöhnen

Clever, clever: Berliner, Harzer, Hering, Schweinsohr, Fliege, Golf, Stollen, Schwarzer Peter

Diebesgut: Der Dieb hat die Luft aus den Reifen herausgelassen und so passt das Auto in die GARAGE

2.Tag

Blindgänger: Mixer, Rokoko, Baby, Coach, Bonsai, Konfekt, Magneten, Ragout, Chef

Clever, clever:
Wenn das Ufo mit violettem Licht angestrahlt wird. Die Farbe des Ufos spielt dabei keine Rolle. Die Farbe des Schattens hängt nur von der Farbe des Lichts ab. Weißes Licht erzeugt einen schwarzen Schatten und rotes Licht einen hellblauen Schatten.

Gästeliste: Die Namen sind rückwärts geschrieben: Vera Sommer, Renate Gerhard und Martin Berger

3.Tag

Opa und Oma:
Hut, Ohr, Rat, Tat, Mut, Wut, Wal, Pol, Uhr, Zeh, Bus,Tor, Ort, Tal

Opal, Klopapier, Karopapier, Roman, Oman, Chromagan, Romanabenteuer, romantisch, aromatisch

Clever, clever: Amandus ist falsch. Mozart heißt Amadeus / Er hat nicht 14, sondern 41 Sinfonien geschrieben. / Seine letzte Sinfonie heißt Jupiter-Sinfonie.

Verschlüsselte Mail: Am 02.01.02 um 4 Uhr fand der Raub statt.

4.Tag

Verwirrte Telefone: 1 zu Mira / 2 zu Jan / 3 zu Anne / 4 zu Tom / 5 zu Michael

Doppelt gemoppelt: Suppenteller, Sommersonne, Wassertonne, Messingwanne, Kaffeetassen, Flussbett, Wasserkessel, Wasserfälle, Stofflappen, Kissenhülle, Himmelbett, Doppelkinn, Kaffeekanne Tennisball, Donnerwetter, Pappelallee, Klammeraffe, Fesselballon, Puppenmutter, Robbenfell, Mottenmittel, Rattenfallen, Schattenrisse, Treppenmitte, Klettverschluss

Clever, clever: 1817 baute der deutsche Forstmeister Freiherr von Drais eine Laufmaschine. 1853 wurde durch einen Herrn Fischer aus der Laufmaschine ein Tretrad, denn das Vorderrad erhielt eine Tretkurbel. 1879 wurde das Niederrad mit Kettenantrieb hergestellt.

Von 0 auf 100: $89 + 7 + 5/2 + 4/3 + 1/6 + 0 = 100$

5.Tag

Vokalei: 4, 9, 22, 25, 11, 2

Eineiige Zwillinge:

Speise	Eis	Fein	Seide
Stein	Eiche	Ei	Leiter
Reis	Brei	Ein	Stein
Seil	Teil	Mein	Eid
Blei	Reifen	Preis	Treiber
Stein	Beißer	Teich	Leiche
Bein	Kleid		

Clever, clever: Der Norweger Roald Amundsen war 1911 5 Wochen schneller als Robert Falcon Scott.

David Livingstone, schottischer Missionar und Arzt, der von 1813 bis 1873 lebte, erforschte als erster Weißer Afrika.

Der Italiener Christoph Columbus, der für Spanien nach Indien segeln wollte, entdeckte Amerika. Da er glaubte in Indien zu sein, nannte er die Ureinwohner Indianer.

Neuzüchtung: am achten Tag

6. Tag

Clever, clever:

Sir Walter Raleigh brachte im 16. Jahrhundert die Kartoffel nach Europa.

Farbenreicher Parkplatz:

Blau – Blau – Rot – Grün – Gelb
Blau – Rot – Rot – Gelb – Silber
Rot – Grün – Grün – Gelb – Silber
Silber – Grün – Gelb – Blau – Blau
Grün – Gelb – Silber – Silber – Rot

7. Tag

Eins - zwei oder drei: 68
8, 17, 19, 2,

Clever, clever: Ja, aber Krokodile weinen nicht, weil sie traurig sind oder Schmerzen haben, sondern weil sie nach einem zu großen Bissen nach Luft geschnappt haben. Dann läuft Flüssigkeit aus den Augen.

Im Dreieck springen:

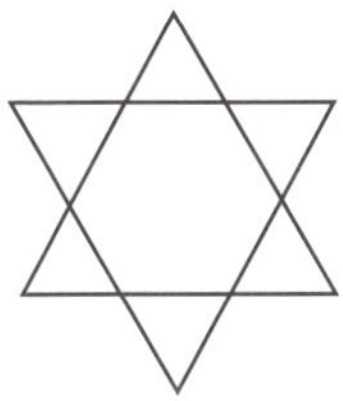

8. Tag

Wolkenkratzer und Flugzeugträger:
Scheinwerfer, Haushälterin, Korkenzieher, Flaschenöffner, Dosenöffner, Türstopper, Schraubenzieher, Obstmesser, Gabelstapler, Raupenschlepper, Wagenheber, Uhrzeiger, Hosenträger, Wellenbrecher, Zitronenfalter

Clever, clever: Der Januar ist nach dem römischen Gott Janus benannt, der einen Kopf mit zwei Gesichtern hatte und das Sinnbild der Zwiespältigkeit ist.
Junge, Jugend, Jahr, Juli, Juni, Jumbo, Jutta, Job, Jack, Jacke, Jahrhundert, Japan, Jeans, Joystick, Jubel, Jagd, Jaguar, Joghurt, Josef, Jalousie, Jazz

Kreative Hausnummer: Der Hausbesitzer kann rechnen. $66 + 6/6 = 67$
Er hat die Ziffern nebeneinander angebracht und zwischen die beiden letzten Sechsen eine römische Eins quer angebracht als Bruchstrich.

9. Tag

Cä sar von A-Z:
Ähre, Bär, Chamäleon, Dämon, Fähre, Gräte, Jäger, Käfer, Lärm, März, Nähe, Quälerei, Pärchen, Stäbchen, Tätowierung, Wächter,

Clever, clever: Berlin, Paris, New York

Turmbau: Die Schubladen der Schachteln müssen leicht herausgezogen werden. Dann kannst du die Schachteln ineinander fügen.

10. Tag

Clever, clever: Elias Howe (1819 - 1867) erfand die Nähmaschine.

Verrückte Mathematik: Wenn du für die Wörter bestimmte Zahlen einsetzt, ergibt sich eine ganz normale Mathematikaufgabe.
Bus = 4; Auto = 8; Schubkarre = 3; Mofa = 2; Fahrräder = 10;
$1 \times 4 + 3 \times 8 + 2 \times 3 + 3 \times 2 = 40$

11. Tag

Liniengewirr: 1D / 2G / 3A / 4H / 5E / 6F / 7C / 8B

Fisch und Frosch: Aal und Adler / Hahn und Habicht / Erika und Edelweiß / Mandarine und Melone / Nashorn und Nilpferd / Kohlrabi und Kürbis / Eiche und Esche / Hahn und Hase/ Dackel und Dalmatiner / Fasan und Falke / Pfirsich und Pflaume / Ziege und Zebra

Clever, clever: Chilenische Insel im Süd-Pazifik auf dem Ostpazifischen Rücken.
(179 km^2, ca. 2000 Einwohner)

Geburtstagstorte: Torte erst waagerecht, dann 2 x senkrecht schneiden;

12. Tag

Zahlensalat: Affe, Baer, Rabe, Wal, Hai, Rind, Ziege, Huhn, Ente, Elch, Elster, Taube, Dachs, Esel, Floh, Gans, Lama, Maus, Otter, Libelle

Rasen und rasen:

Fallen	fallen	Backen	backen
Haken	haken	Pfeifen	pfeifen
Locken	locken	Hocken	hocken
Hacken	hacken	Tropfen	tropfen

Clever, clever: Der Rote Platz liegt in Moskau. Das Rote Meer trennt Asien und Afrika und ist ein Nebenmeer des Indischen Ozeans. Der Rote Hahn ist das Feuer.

Schachmatt:
Weil die Anzahl der Körner den halben Erdball bedecken würden.

13. Tag

Hirn im Zwölferpack: Hirne, Birne, Gestirne, Hirten, Wirte, Kirschen, Cirruswolken, Zirkel, Zwirn, Kirmes, Nirwana, Mirabellen, Pirna, Firmament, Girlanden, Hirse, Lire, Spirale, Pirouetten, Quirl, Tirana, Virus

Clever, clever: Ketschup ist keine amerikanische Erfindung. Er kam mit den chinesischen Einwanderern nach Amerika („Ketsiap"). Der deutsche Immigrant Henry John Heinz machte ihn 1869 zu dem Produkt, das noch heute vor allem bei Kindern sehr beliebt ist.

Einmalige Bausparkasse: Die Zahlwörter sind alphabetisch geordnet und zwar rückwärts von Z – A.

14.Tag

Fremdwörterpuzzle: Computer, Xylofon, Risiko, Produzent, Monitor, Champignon, Frikadelle, Regisseur, Tradition, Diskussion

Clever, clever: Die Gabel wurde wahrscheinlich im 11. Jahrhundert in Italien erfunden und zunächst nur in Adelskreisen verwendet. Die Kirche verbot zu der Zeit das Essen mit der Gabel mit der Begründung, dass das, was Gott gegeben hat auch mit den von Gott geschaffenen Fingern gegessen werden sollte. Die Gabel galt als Beiwerk des Teufels und der Hexen. Erst im 16. Jahrhundert aßen auch die Bürger in Europa mit der Gabel.

Unheimliches Radio: Wanda und Grille fahren mit dem Zug und in dieser Minute der Funkstille gerade durch einen Tunnel.

15. Tag

Im ke + In es: Inhalt – Indus – Indiz – Informand – Imker – Indianer – Impfung – Individuum – Ingenieur – Immobilien – Indien – Imperfekt – Installateur – Intelligenz – Inspektor– Instrumente – Immunität – Indonesien

Clever, clever: 1. Weibliches Wildschwein / 2. Ohren des Wildes / 3. Wildschwein / 4. Weiblicher Fuchs / 5. Maul des Rotwildes / 6. Eckzähne des Rotwildes / 7. Jungtiere des Wildschweins

Kostenfrage: Du stellst Hausnummern her. Die Nummer 305 kostet dann 27,- Euro

16. Tag

Buchstabenforscher: Frau, Mann, Kind, Oma, Opa

Schnallen und schnallen:
Die Hacken (Gartengeräte) – Petersilie hacken
Die Backen (Wangen) – Kuchen backen
Die Wiegen (Babywiegen) – Zucker wiegen
Die Zapfen (Eiszapfen) – Bier zapfen
Die Steppen (Grasländer) – eine Naht steppen
Die Stopfen (Flaschenstopfen)– Strümpfe stopfen

Die Schaben (Insekten)– Möhren schaben
Die Schnallen (Schuhschnallen) – wir schnallen etwas
Die Schlachten (Kriegsschlachten) – ein Schwein schlachten

Clever, clever: Tohuwabohu ist der hebräische Ausdruck für wüst und wirr. (aus: 1. Buch Mose 1, 2 - Bibel)

Ei, Ei, Ei: Rohe Eier und hartgekochte Eier drehen sich anders. Das hartgekochte Ei dreht sich schneller und länger.

17. Tag

Nackte Schnecke: dick, sauer, fest, schnell, tief, glatt, klar, froh, dunkel, rot, bunt, grau

Clever, clever: 1. Schweden, 2. Österreich, 3. Spanien

Auf Sand gebaut: Beide Sanduhren müssen gleichzeitig zu laufen beginnen. Nach 7 Minuten, wenn die erste Sanduhr abgelaufen ist, wird die Pizza in den Ofen geschoben. Ist die 11-Minuten-Sanduhr durchgelaufen, dreht man sie um. Bis dahin war die Pizza 4 Minuten im Ofen. Wenn die Uhr 11 Minuten gelaufen ist, kann man die Pizza herausnehmen.

18. Tag

B-Zählung: 27 B und 19 b

Komm und Ge(h): an uni a un od is en an la olo pa ome ma
Kommandant, Kommunion, Komma, Kommune, Kommentar, Kommando, Gelantine, Germane, Geometrie, Gepard, Geologie

Clever, clever: Arthur Conan Doyle schuf Sherlock Holmes und Watson.

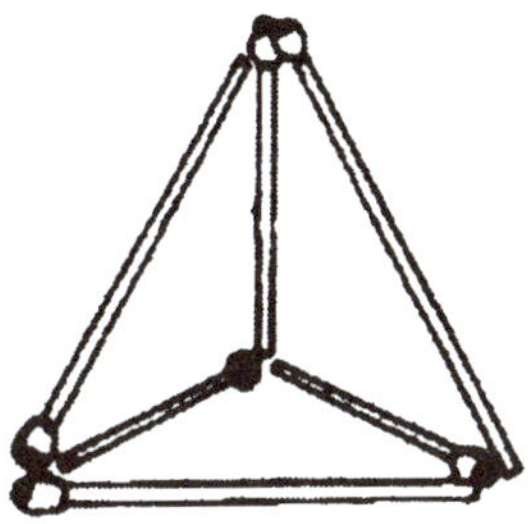

19. Tag

Lückensätze: 50 mit dem Beispiel

Zaunlos: Himbeere, Erdbeere, Brombeere, Pilze, Möhre, Weißkohl, Brokkoli, Erbse, Rotkohl, Eiche, Birke, Kirsche, Rose, ...

Clever, clever: 1. George Stephenson / 2. J.Ph. Reis und Alexander Bell / 3. Benjamin Franklin

Onkel Theo: Der Vater ist 30 Jahre und der Sohn und die Zwillingsschwester sind heute 10 Jahre.

20. Tag

Essbares M: Mandarinen, Mango, Makkaroni, Milchbrei, Mus, Müsli, Mangold, Marzipan, Mokkaschokolade, Mandelpudding, Marmorkuchen, Miniwurst, Mohnkuchen, Magerquark, ...

Clever, clever: Glühbirne, Taschenlampe, Glühwürmchen, Neonbuchstaben, Augen, Kerze, Farben, Laterne, Leuchtturm, Sonne, Sterne, Feuerwerk

Geheimbund: Der Name beginnt mit X. Wenn du von Dany ausgehst, wird bei den Namen der folgenden Tischnachbarn immer ein Buchstabe des Alphabetes mehr ausgelassen und so an sechster Stelle das X erreicht.
Dany (E) Fridolin (GH) Ingo (JKL) Maya (NOPQ) Renate (STUVW) Xaver

21. Tag

Dreiecksfantsie: Zauberhut, Verkehrsschild, Dach, Sandhaufen, Triangel, Tisch, Zelt, Trichter, Weinglas, Spritztüte, Teppich, ...

Kriminalgeschichte: Ich, Licht, Schicht, Tisch, mich, Nichte, acht, Macht, Rache, Lachen, Sachen, Rachen, Krach, Kachel, Gracht, Tal, Mal, Hals, Schal, Halt, Halm, Hang, Hameln, Teil, leicht, Linie, lang, Gicht, gehen, Kirsche, Kram, Kamel, Kante, kalt, Kegel, Gel, See, Sieg, Sicht, Alge, Asche, mager, malen, Leine, Garn, Keim, echt, richten, Recht, Geist, heiser, Hast, Heimat, Leim,

Clever, clever: Für die Toilettenspülung (ca. 45 Liter pro Person)

Drei Geheimnisvolle: Diese Wörter enthalten alle 5 Vokale.

22. Tag

Ein lachendes, viereckiges, weiches Haus: 1. Balkon, Keller, Flur, Toilette, ... 2. Zimmer, Kühlschrank, Stuhl, Fenster, Tür, Schranktür, Schornstein, Duschwanne, Terrasse, ... 3. Couch, Teppich, Sessel, ...

Clever, clever:

1. Am 17. Dezember 1903 hebt in North Carolina (USA) zum ersten Mal ein motorbetriebenes Flugzeug vom Boden ab und fliegt. Die Erbauer sind die Brüder Orville und Wilbur Wright. Das Flugzeug heißt einfach „Flyer", hat 12-16 PS und fliegt am ersten Tag 284 m.
2. Der Astronaut – sein Anzug kostet über 2 Millionen Dollar.

3. Die erste Bibel, die Gutenberg-Bibel.
4. Der teuerste Teddy erbrachte auf einer Versteigerung 80.000 Euro.

Bücherwurm: 68 mm Wenn die Bände nacheinander im Regal stehen, muss der Wurm den Deckel des ersten Bandes, den gesamten 2. Band und den Deckel des dritten Bandes durchfressen.

23. Tag

Zahlengeheimschrift: Abenteuer – Computerspiel – Mitternacht

Zahlenmethode:
52 – 191 – 83914 – 783782 – 54274 – 90327 – 66078494 – 78557860 – 7459411 – 11615678812

Schüler, Nägel und Streichhölzer: Kopf – Wagen – Kette

Clever, clever: Neueingang – Gerichtsverhandlung - Innerei

Fliesenkunst:

•		•			
		•		•	
•	•				
				•	•
	•		•		
			•		•

24. Tag

Die Möwe Jonathan:
16 „a" + 18 „o"

Die Möwe Jonathan
Es war Morgen, und die neue Sonne flimmerte golden über dem Wellengekräusel der stillen See. Von einem Fischerboot, eine Meile vor der Küste, wurden die Netze ausgeworfen. Tausende von Seemöwen flitzten hin und her und balgten sich kreischend um ein paar Brocken. Ein neuer Tag voller Geschäftigkeit hatte begonnen.

Zwei = Eins: Waschlappen, Waage, Stern, Bach, König, Nelke, Regen

Clever, clever: Blauwal (über 14000kg) – die Riesenkrake (40 cm Durchmesser) - Engerlinge

Strickleiter: Es sind ebenfalls 7 Sprossen, denn das Schiff wird durch die Flut angehoben.

25. Tag

Zeitungsspiel: Papierhut basteln, Schiffchen basteln, Masken herstellen (Papier + Leim), als Tapete verwenden, in die nassen Schuhe stopfen, damit sie schneller trocknen; als Geschenkpapier verwenden, den Tisch oder Boden abdecken beim Malen; als Sitzkissen, um höher zu sitzen; Pakete ausstopfen, wenn sie nur halb voll sind; sich zudecken, wenn es kalt ist.

Vielseitiges Innenleben: Puter, Akten, Tanten, Kanten, Tenor, Tapete, Tomate, Paket, Ecken, Orkan, Traum, Kappen, tippen, Acker, Ocker, Muecken, Mokka, Mutter, Motten, ...

Clever, clever:
„Ein Fall für zwei" mit Claus Theo Gärtner als Claus Matula
„Columbo" mit Peter Falk als Inspektor Columbo
„Derrick" mit Horst Tappert als Stefan Derrick
„Der Fahnder" mit Jörg Schüttauf als Thomas Becker

Rätselhafter Mord: Die Frau ist durch eine Lawine ums Leben gekommen. Sie ist erstickt.
Die Lawine wurde durch den Schuss des Gewehrs ausgelöst.

26. Tag

Chaos: 10 + 18 + 60 = 88

Clever, clever: Es handelt sich um Lakritze. Lakritze wird aus Süßholzsaft, Stärke, Mehl, Zucker, Anis und Gummiarabicum hergestellt und schmeck nicht nur lecker, sondern hilft bei Magen- und Darmgeschwüren und hat eine schleimlösende Wirkung.

Seltsames Treffen: Die beiden Damen sind Taucherinnen und das zufällige Treffen war unter Wasser.

27. Tag

Versteckspiel: Pferde, Erna, Bern, Rom, Schlag, Lage, Gert, Hans, Ernst, Ente, Schaf, Rom, Ulme, Star, Lisa, Inge, Affe

Clever, clever: Karl May, dem die Welt Winnetou verdankt, hat diese Figuren erschaffen.
Karl May stammte aus Sachsen und schrieb seine Geschichten wie am Fließband. Er behauptete, dass es sich bei seinen Abenteuergeschichten um Reiseerzählungen handeln würde. Vieles davon habe er selbst erlebt, doch er war z.B. erst mit 66 Jahren in den USA und im Nahen Osten ist er niemals gewesen. Er hatte viel Fantasie dieser Karl May. Es lohnt sich, seine Bücher zu lesen.

Wasservolumen: Du gibst eine bestimmte Menge einer Farbe in den See. Nach einer gewissen Zeit, wenn die Farbe sich gleichmäßig verteilt hat, entnimmst du eine Wasserprobe und kannst nun an der Konzentration der Farbe errechnen, wieviel Wasser im See ist.

28. Tag

Versteck - Allerlei: Inge, Gen / Rot / Ast / Ort / Sport, Ort / Ente/ Laus / Rat / Mann / Anne / Bon, Oma, Tomaten / Otto / Lisa / Deo, Asse / Ast / Ur, Mus /Anis, Organ / Opa/ Ast / Akte / Marion, nett / Garn / Mensch

Pinguin und Kuli: Musik, Mutti, Pulli, Muli, Brummi, Gummi, Uni, Kuhmist, Schumi,

Clever, clever: Natürlich gibt es echte Elefantenläuse, die den Elefanten sehr lästig sind, aber es gibt auch essbare Elefantenläuse. Dabei handelt es sich um verschiedene Nussarten. Die westindische „Elefantenlaus" ist die beliebte Cashewnuss und die Paranuss aus Brasilien bezeichnet man ebenfalls als Elefantenlaus.

Stromausfall: Onkel Theo greift dreimal in die Schublade und hält 2 gleiche Socken in der Hand.

29. Tag

Zahlenwirrwarr: 132 + 92 + 224

Tauschgeschäft: Duesen, Tragen, Traene, Reisen, Gruben, Feiern, Hafen, Lasche, Eicheln, Taler, Hasen

Clever, clever: Der Astronom und Physiker, der in der Toskana lebte (1564 – 1642) und angeblich gesagt haben soll: „Und sie bewegt sich doch". Diesen Satz hat ihm ein Geschichtsschreiber des 17. Jahrhunderts in den Mund gelegt, aber es ist richtig, dass Galilei das Weltbild von Kopernikus vertrat: Die Erde dreht sich um die Sonne. Zu dieser Zeit war das eine gefährliche Ansicht, da die Menschen und vor allem die Kirche der Ansicht waren, dass die Erde im Mittelpunkt stehe.
1633 kam es zu einem Inquisitionsverfahren, indem er seine Lehren widerrief. Das Urteil lautete nur auf Ungehorsam und er sollte in den kommenden Jahren jede Woche sieben Bußpsalmen beten.
Seine Forschungen durfte er weiter betreiben und er erhielt vom Vatikan sogar eine gute Rente und lebte – zwar unter Aufsicht – auf dem luxuriösen Anwesen des Erzherzogs der Toskana.

Johann Wolfgang von Goethe, Brüder Grimm, Richard Gere, Götz George , H.D. Genscher, Bill Gates, Greta Garbo, Indira Gandi, ...

Lichtlösung: Der Dieb gießt Wasser in den Behälter. Petroleum schwimmt oben und der Docht kann angezündet werden.

30. Tag

Verschlüsselte SMS: Morgen überfällt der Verbrecher mit seiner Braut die Bank am Bismarkplatz.

Verdrehte Musikinstrumente: Bass, Trommel, Klavier, Bratsche, Mundharmonika, Cello, Trompete, Akkordeon, Waldhorn, Violine, Posaune, Cembalo, Floete, Fagott, Geige, Harfe, Saxophon

Clever, clever: Im Jahr 1503, also am Ende des Mittelalters, wird der Gebrauch von Taschentüchern erstmals erwähnt.

Geheime Telefonnummer: 09274994

31. Tag

Otto- Otto - Otto:
Anna, Bob, Dad, Erde, Gang, Hauch, Kuckuck, Neun, Ritter, Tat, ...

Clever, clever: Lösung c)

Schlauberger: Der Lehrer hatte seine Schüler vorher angewiesen, sich auf jede Frage zu melden. Die Schüler, die die Frage ganz sicher richtig beantworten konnten, sollten sich mit links melden.

32. Tag

Pick und Nick: Picknick, Lackrock, Speckstück, Rucksack, Glockenwecker, Krückstock, Rückblick, Rückendeckung, Lockenwickler, Wickenhecke

20 „ck" – 14 Substantive – 5 „i"

Laserexperimente: Ente, Reisen, Leim, Leine, Liter, Leier, Last, Lire, Leere, Leiter, Laerm, Lampe, Eisen, Eier, Experte, Erle, Teer, Teile, Tal, Stapel, Praxis, Mast, Meise, Masern, Meer, Meister, Samt, Seile, Saite, Seite, ...

Clever, clever: a) Richtig: Größere Exemplare können unter günstigen Bedingungen wie Rückenwind über 300m weit fliegen.
b) Richtig: Bei erwachsenen Flundern und Schollen (= Plattfische), die die meiste Zeit flach auf dem Meeresgrund liegend verbringen, sitzen beide Augen auf der Oberseite. Junge Schollen und Flundern haben auf jeder Seite ein Auge.
c) Richtig: Das weibliche Seepferdchen legt die Eier in eine Bauchtasche des Männchens. Hier schlüpfen sie nach acht bis 10 Tagen.

Fahrstuhlproblem: Der Gangster war ein Liliputaner, der nicht auf den Knopf für den 26. Stock drücken konnte, weil er zu klein war.

33. Tag

Detektiv und Schokolade:
Der Detektiv, der nur das Ekel genannt wurde, fand bei Optiker Doktor Buko nur ein Paket mit Schokolade.
Während draußen die Krokusse blühten, trank der Politiker Kakao und studierte die aktuelle Liste der Bücher im Belletristikbereich. Dabei fand er in der Technikerzeitschrift eine Karikatur aus der Zeit, als er noch Pauker war.
Mark liebte Krokodile und interessierte sich in der Deutschstunde mehr für die Elektronik des Computers als für die Deklination von Verben.
Onkel Kurt hatte als Dekoration eine Fensterbank voller Kakteen aus Plastik und ein Foto der Akropolis .
Der Gärtner war krank und konnte seine Beete mit blau blühenden Akeleien und die Erde um seine Akazie nicht akkurat haken.
Katharina häkelte kostbare Anoraks und bunte Bettlaken mit Kamelen.

Suppenwürfel und Co: Kugelschreiber, Erdkugel, Kugelgelenk, Würfelzucker, Kreisverkehr, Kreisstadt, Linienschiff, Fluglinie, Schmollwinkel, Nullpunkt, Quadratschädel, Bermudadreieck, Zylinder, Zylinderkopf, Lesezirkel, Kegelverein, Westtangente, ...

Clever, clever: Das Alter der Pferde kann man an den Zähnen erkennen. Ein Pferdehändler schaut vor dem Kauf dem Pferd ins Maul. Daher kommt auch das Sprichwort: „Einem geschenkten Gaul schaut man nicht ins Maul."

Luftverschmutzung: Du füllst das Glas in der Firma mit Wasser, schüttest es im Stadtzentrum aus und verschließt es mit dem luftdicht schließenden Deckel.

34. Tag

Vokalmarathon: Rosinenauflauf, Radreisetour, Immobilienkaufvertrag, Arbeitslosenunterstützung, Ostindienlandung, Hochzeitsaufgebot, Autoführerschein, Wortspielaufgabe

Blinde Passagiere: Musikalische Menschen lieben Sinfonieorchester.

Clever, clever: Fülle ein Glas zur Hälfte mit Wasser und löse reichlich Salz darin auf. Gieße nun ganz vorsichtig – über einem Löffel – die gleiche Menge Leitungswasser dazu. Wenn du jetzt ein Ei hineinlegst, schwebt es in der Mitte des Glases, da es schwerer als Leitungswasser, aber leichter als Salzwasser ist.

Gleich und doch nicht gleich: Es handelt sich einmal um die Sanduhr und zum anderen um die Sonnenuhr.

35. Tag

Yoga und Pyramiden: 35y / 51 Buchstaben

Vier-Sterne: V / C / P / S / Z / L / R / T / N / F

Clever, clever: Pyramiden sind die Grabmäler der Pharaonen, den ägyptischen Königen. Die älteste und größte Pyramide ist die Cheopspyramide, das Grab des Pharaos Chufu (2545 – 2520 v. Chr.), den die Griechen Cheops nannten. Die Cheopspyramide ist etwa 140 m hoch. Sie bedeckt eine Grundfläche von etwa 5,3 Hektar (im Vergleich: ein Fußballfeld ist 105 m x 70 m = 0,74 ha groß). Die Pyramide ist aus rund 2,3 Millionen Kalksteinblöcken gebaut, von denen jeder etwa 2,5 Tonnen wiegt.

Bestseller: Das Telefonbuch

36. Tag

Pärchen gesucht:

Haupt	Haus
Dach	Decker
Feind	Figur
Film	Festival
Gala	Garderobe
Grünkohl	Gemüse
Luft	Loch
Mal	Mittel
Mond	Mann
Sonnen	Stich
Taschen	Tuch
Ufo	Unternehmen
Knie	Kehle
Fenster	Flügel

Clever, clever:
Geheimtinte: Eine optimale Geheimtinte ist Zitronensaft. Erst bei Erwärmung unter einer Lampe oder durch ein Bügeleisen kann man den Text entziffern.

Verfolgungsjagd: Burgen, Nordtor, Ampel, Hafen, Edam = Stadt in Holland

37. Tag

Speckkarpfen und Makkaroni: Makkaroni, Mokka, Schirokko, Akkordeon, Akkusativ

24 „kk" – 10 „ckk" – 81 Vokale

Falsche Beine: Eisbein, Elfenbein, Stuhlbein, Tischbein, Beinamen, beinahe, beinhalten, Gelbeinfärbung, ...

Clever, clever: Der Poncho ist ursprünglich ein indianisches Kleidungsstück. Er ist bequem, praktisch und leicht zu nähen.

Weihnachtsgeschenk: Die Schwester von Grille will ihrer Tante etwas schenken.

38. Tag

Kahn - Bahn - Hahn: uh, oh, äh, oh, eh, ah

Clever, clever: a) Falsch: Der Einsiedlerkrebs zieht öfter um in seinem Leben. Da sein Hinterteil nicht gepanzert ist, sucht er sich abgelegte Schneckenhäuser und Muscheln, um darin zu wohnen. Wenn das Gehäuse zu klein geworden ist, zieht der Einsiedlerkrebs um.
b) Falsch: Muscheln können zwar nicht gut sehen, aber sie können Hell und Dunkel unterscheiden.
c) Richtig. Die Füße liegen zwischen den Stacheln der Seeigel. Sie bestehen aus Röhren, an deren Ende sich Saugnäpfe befinden. Die Füße dienen der Verankerung, mit den Stacheln gehen sie.
d) Falsch: Die Seeanemone ist ein Tier, das Fangarme besitzt, die aussehen wie Blütenblätter.
e) Richtig. Verliert ein Seestern einen Arm, so wächst wieder ein neuer.

Buchgeschichte: Die Geschichte spielt in einer Leihbücherei, und der Mann musste neun Mark bezahlen, weil er das Buch viel zu lange behalten hatte.

39. Tag

Versteckte Kleidungsstücke: Schal, Kleid, Strümpfe, Hut, Shirt

Brocken, trocken, erschrocken, Rocker, Schalke, Schaltung, ...

Clever, clever:

a) Richtig: Sie rufen jedoch nicht nur vor einer Wetterverschlechterung, sondern auch und vor allem während der Paarungszeit.
b) Richtig: Schildkröten im Aquarium kann man auch mit Äpfeln füttern.
c) Falsch: Schwämme sind Tiere.
d) Falsch: Fische haben zwei Ohren. Sie liegen jedoch innen, sodass man sie nicht sieht.
e) Richtig: Es gibt im Meer Fische, die Seeratten heißen.

Vogelflug: 3 Vögel in einer Reihe hintereinander.

40. Tag

Kettenspiel: 97

Schwer-Gewicht: trocken oder feucht, nass, fein, weich, schlau, gelb, lang, kurz, schwarz, falsch, billig, rund, schwer

Clever, clever:

1. Eine Falschmeldung in der Zeitung nennt man „Ente".
2. Aus Lampenruß, Eiweiß und Honig
3. Ein Fußballtor ist 244 cm hoch und 732 cm breit. Diese krummen Zahlen ergeben sich aus der Umrechnung von englischen Maßeinheiten.

Fallschirmspringer:

Die Meldung ist wahr. Das Flugzeug stand auf dem Boden.

41. Tag

Spielzeug von A-Z: Ast, Büroklammern, alte Computerdiskette, Draht, Feile, Garnrolle, Heft, Ingwer, Jacke, Knopf, Lappen, Mikadostäbchen, Nagel, altes Oberhemd, Paketpapier, Ringe, Sicherheitsnadeln, Taschenlampe, Untertasse, Vogelfeder, Wäscheklammern, Zuckerzange

Clever, clever: Samuel Colt erfand 1835 den Revolver
Berthold Schwarz soll das Schießpulver = Schwarzpulver erfunden haben.

Stanniolpapier besteht aus hauchdünn ausgewalztem Zinn, ist also kein Papier sondern Blech.

42. Tag

I + A / O + U / A + O: 22 Wörter enthalten nur gleiche Vokale / 3 Wörter enthalten mehr als 2 „a" / 23 Wörter enthalten die Vokale „a" + „i" / 4 Wörter mit „o" + „u" / 20 Wörter mit „a" + „o"

Clever, clever: 1. James Bond arbeitete für den Secret Service.
2. Hier wohnte der berühmte Sherlock Holmes, der allerdings, ebenso wie die Adresse, eine Erfindung des Schriftstellers C. Doyle ist. Die Baker Street gibt es in London jedoch wirklich.
3. Ein Agent arbeitet meistens unter einem falschen Namen und braucht dann auch einen erfundenen Lebenslauf. Diese fingierte Lebensgeschichte nennt man auch eine Legende.

Corpus delicti: Schirm

43. Tag

Verkleidete Tiere: Silberfischchen, Walross, Seehund, Ameisenigel, Fuchsschwanz, Wasserhahn, Zelthering, Wäschespinne, Fliege, ...

Clever, clever: Vor 6 Millionen Jahren war das Mittelmeer ein trockenes Tal. Eine Bergkette versperrte dem Atlantischen Ozean den Zufluss. Als dieser Bergkamm vor 5,5 Millionen Jahren zerbrach, stürzten sich die Gewässer des Atlantiks in dieses Tal und so entstand das Mittelmeer.

Ungleiche Frauen: Sie tragen eine Schwesterntracht.

44. Tag

Clever, clever: - stimmt nicht: Als „Nürnberger Ei" bezeichnet man die erste Taschenuhr um 1500.
- stimmt: Die Wurzeln der Mangrove stecken in den Salzwassersümpfen mancher Meeresküsten Mittelamerikas, Floridas und Afrikas.

- stimmt: Der Erfinder der Litfaßsäule, ein Buchdrucker, hieß wirklich Erst Litfaß

Personenfahndung: Der nächste Tatort beginnt mit dem letzten Buchstaben des vorangegangenen Ortes.

45. Tag

Sommerferien: Sandmännchen, Osterhase, Marzipanei, Maikäfer, Eisenstange, Rosenkauf, Feuerleiter, Eistüte, Riesenlamm, Inseltraum, Entenklo, Narrenhaus;

Clever, clever:
falsch: Hunde riechen 44 mal besser als Menschen.
falsch: Elefannten sind 21 Monate schwanger.
richtig: Schnecken bruchen etwa 12 Stunden dazu.

Ein Osterei zu viel: Die Schwester des Lehrers ist die Frau des Direktors.

46. Tag

Eeeeeeeeeeeeeee + aaaaaaaaaaaaaa + ooooooooo:
Erdbeergelee, Meereschen, Teekessel, Ananassaft, Kuckucksblumenmuster, Atlantastartrampe, Alabamastraßen, Pharmaka, Katarakt, Saharakarawane, Schneeregensee, Chorprobenproblem, Wohnmobilkomfort, Motorboot, Cordhosenmode, Beerengelee, Ankaramarkt,

Clever, clever:
falsch: der Planet Merkur bewegt sich mit fast 48 km pro Sekunde.
richtig: die Libelle ist tatsächlich mit 57 km pro Stunde das Schnellste Insekt.
richtig: Al Jumahiriyah al Arabiyah al Libiyah ash Shabiyah al Ishtirakiyah. Gemeint ist Libyen. Kannst du dir das merken?

Unaufgeklärter Mordfall: Die Frau brachte den Abdruck einer Zehe ihres Mannes auf der Mordwaffe an und legte sie neben die Leiche. Ihr Mann wurde ja bald beerdigt und so konnten die Abdrücke von der Polizei nicht mehr identifiziert werden.

47. Tag

Piratenschiffe: Paten, Paste, Pisten, Pfeife, Fahrten, Rasen, Reisen, Reifen, Teich, Raten, Spaten, Fach, Fahne, Naht, Seife, Saft, Fische, Pech, Recht, Rache, Sahne, Tasche, Tisch, Teer, See, Fee, Schere, Nische, Rispen, Heer, Heirat, Tier, Pest, Affe, Persien, ...

Clever, clever: falsch: 74
richtig: der weit aus größereTeil, etwa 88 %, ist immer unter Wasser.
falsch: 1 Tag entspricht 59 Tage auf der Erde.

E-Mail Det: 11811641111 Die Zahlwörter sind versteckt.

48. Tag

Versteckte Körperteile: Zahn, Bein, Nieren, Waden, Lunge;

Carmen, Darm, Schwarm, Lauge, Schwangerschaft, Bankniederlassung, Lader, Schalseide, beinahe, Charme, Schande, Kleber, ...

Clever, clever: richtig – falsch 73km– falsch 72

Rätselhafte Vogelart: Es ist ein Vogelmännchen.

49. Tag

"F" gestrichen: Ahne, Eile, Ranke, Ähre, löte, Liese, Locke, Elle, alle, Ilm, und, Rage, rau, ach, Rist

Wolkenband: Wasser, Wette, Wiese, Wanne, Wellen, Wagen, Wiege

Clever, clever: richtig: Der Schimpanse hat zu 98 % die gleiche Übereinstimmung der Erbanlagen.
richtig: das ist wirklich so
richtig: Die Indianer des Amazonasgebietes stellten einen wasserdichten Stoff her, indem sie ihn in den Saft des Gummibaumes eintauchten.

Zahlenspaß:
1. Wenn man 666 umdreht, erhält man 999.
2. 100 mit vier gleichen Ziffern : 99 9/9.
3. 1 x 97 = 97

50. Tag

Buchstabensalat: Turm, Brille, Dreieck, Fenster, Hand, Würfel, Zwerge, Achterbahn, Kegel, Zehen, Fußball, Gespenst, Schornsteinfeger, Urlaub, Mofa, Braut, Kartenspiel, Führerschein, Fernseher, Euroschein

Wer verbirgt sich hinter diesen Wörten:
Markt, Januar, Kaimauer, Petersilie, Hansaplast, Utensilien, Monitor, Piano

Clever, clever:
Der Mensch kann als einziges Säugetier lächeln.

Für ein Pfund Honig müssen Bienen rund zwei Millionen Blüten anfliegen.
Auf der Hautoberfläche eines Menschen leben mehr Lebewesen als Menschen auf der Erde.
Fußball wird seit dem 12. Jahrhundert gespielt.

Buchseiten: Das Buch hat 424 Seiten (424 - 4 + 222 = 642)

Geheimschriften:

A	B	C	D	E	F	G	H	I	J	K	L
♋	♌	♍	♎	♏	♐	♑	♒	♓	🙰	&	●
M	**N**	**O**	**P**	**Q**	**R**	**S**	**T**	**U**	**V**	**W**	**X**	**Y**
❍	■	□	◘	❑	❒	⬧	⧫	◆	❖	⬥	⌧	⍓
Z	**ß**	**-**	**'**									
⌘	▪	📫	📪									

A	B	C	D	E	F	G	H	I	J	K	L	
α	β	χ	δ	ε	ϕ	γ	η	ι	φ	κ	λ	
M	**N**	**O**	**P**	**Q**	**R**	**S**	**T**	**U**	**V**	**W**	**X**	**Y**
μ	ν	ο	π	θ	ρ	σ	τ	υ	ϖ	ω	ξ	ψ
Z	**ß**	**-**	**'**									
ζ	♣	—	,									

A B C D E F G H I J K L

M N O P R S T U V W Y Z

A B C D E F G H I J K L M

N O P R S T U V W Y Z

A B C D E F G H I J K L

M N O P Q R S T U V W X Y

Z ß - , Ö Ä Ü

A B C D E F G H I J K L M

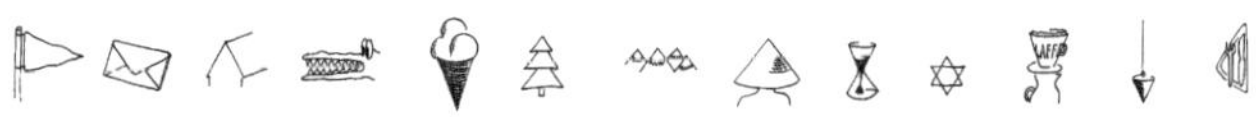

N O P R S T U V W Y Z

A B C D E F G H I J K L

M N O P Q R S T U V W X Y

Z ß - , Ö Ä Ü

Literaturverzeichnis:

Botermans, J.: Denkspiele mit Bleistift und Papier

Fixx, J.F.: Rätsel und Denkspiele

Helm, E.: 555 Teekessel. Köln 1985

Minninger, J. Dr.: Gutes Gedächtnis, das Erfolgsgeheimnis. Baden-Baden 2004

Oppolzer, U.: Verflixt, das darf ich nicht vergessen. Baden-Baden 2003
Verflixt, das darf ich nicht vergessen, Band 2 mit CD. Baden-Baden 2004
Das große Brain-Fitness-Buch. Baden-Baden 2004
Meyers Gripskalender 2005. Brockhaus-Duden-Meyer 2004
Wortschatztraining von A – Z . Horneburg 2002
Bewegte Schüler lernen leichter. Dortmund 2003
Gehirntraining mit Phantasie und Spaß. Dortmund 1996
Hirntraining mit ganzheitlichem Ansatz. Dortmund 1998
Kopf-Kartei und Wortspielekartei. Dortmund 1996
Der phantasievolle Weg zum guten Gedächtnis MC. Dortmund 1994
Mehr Spaß in der Schule mit Krea, Konzi und Phanta. Dortmund 1997
Super lernen. Baden-Baden 2005

Portmann, R. / Schneider, E. : Spielen mit Buchstaben und Wörtern. München 1998

Sloane, P.: Denkpuzzles für helle Köpfe. München 2002

Serebriakoff, V.: Denktraining für Superhirne. 1997

Speichert, H: Kopfspiele. Reinbek

Spencer, A.: Das Buch der Zahlen. München 1996

Springfeld,U.: Schreibspiele. Köln

Ursula Oppolzer
Das grosse Brain-Fitness-Buch

ISBN 3-89994-020-2, 12,90 € (D)
192 Seiten, broschiert (145 x 215),
zahlreiche Abbildungen